Mensagens do Céu

Ryuho Okawa

Mensagens do Céu

REVELAÇÕES DE
JESUS, BUDA, MOISÉS E **MAOMÉ**
PARA O MUNDO MODERNO

IRH Press do Brasil

Título do original em inglês: *Messages from Heaven – What Jesus, Buddha, Moses, and Muhammad Would Say Today*

Tradução para o português: Happy Science do Brasil
Coordenação editorial: Wally Constantino
Revisão: Francisco José M. Couto e Laura Vecchioli
Diagramação: Priscylla Cabral
Capa: Maurício Geurgas

IRH Press do Brasil Editora Limitada
Rua Domingos de Morais, 1154, 1º andar, sala 101
Vila Mariana, São Paulo – SP – Brasil, CEP 04010-100

ISBN: 978-85-64658-22-6
Impressão: RR Donnelley Editora e Gráfica Ltda.

Sumário

Prefácio

Minha Vida e as Mensagens Espirituais

Como Comecei a Receber Mensagens Espirituais

No dia 23 de março de 1981, recebi pela primeira vez uma mensagem espiritual do Mundo Celestial. Foi alguns dias antes de me formar na universidade, e pouco antes de começar a trabalhar em uma empresa de comércio exterior. Nos meses anteriores, eu andava muito introspectivo. Naquela linda tarde de início de primavera, eu estava analisando profundamente o que se passava em meu coração e refletindo sobre minha vida até aquele momento. À medida que fui me lembrando, percebi que havia cometido muitos erros e também causado problemas às pessoas com as quais convivia. Nem mesmo havia expressado minha gratidão por tudo aquilo que meus pais fizeram por mim ao longo da vida. Notei que, em várias ocasiões, pensei e agi de modo incorreto. Arrependo-me das inúmeras vezes que, sem pensar, dissera e fizera coisas que acabaram magoando os sentimentos das pessoas, mesmo sem querer. Por meio da reflexão, consegui examinar cuidadosamente minhas palavras, ações e pensamentos, e consegui me arrepender de cada um deles.

Conforme avançava na reflexão, sentia um agradável calor fluindo pelo meu peito, e foi então que percebi com clareza que estava vivendo a vida com o meu "falso eu". Nessa hora, tive uma premonição de que algo especial estava para acontecer. Apesar de não haver ninguém comigo no meu quarto, pude sentir uma presença próxima de mim, tentando me dizer alguma coisa. Sempre acreditei na existência de seres espirituais, mas nunca imaginei que eu mesmo pudesse experimentar um fenômeno espiritual.

Senti um impulso muito forte de escrever, então rapidamente peguei um lápis e umas fichas em branco que estavam ali por perto. Com o lápis na mão, fiquei aguardando. De repente, minha mão começou a se mover como se tivesse vida própria. E, na primeira ficha, escreveu: "Boas-novas". Depois, escreveu as mesmas "Boas-novas" numa segunda ficha, e depois em uma terceira, também. Minha mão continuou escrevendo seguidamente essas mesmas palavras nas demais fichas até que por fim eu disse: "Está bem, já entendi que se trata de uma 'Boa-nova'. Você poderia me dizer algo mais sobre isso?" Mas minha mão continuava a escrever somente "Boas-novas". Isso foi tudo o que ocorreu naquele primeiro dia, mas tive uma sensação muito forte de que aquilo de alguma maneira iria continuar. "Boa-nova" é o significado da palavra cristã "evangelho", e essa revelação divina estava me dizendo que alguma coisa boa estava prestes a acontecer.

Depois de um tempo, acabei descobrindo que o espírito que estava transmitindo aquelas mensagens chamava-se Nikkō; ele foi um dos seis principais discípulos anciãos do monge budista Nichiren, no século XIII. Depois de mais ou menos uma semana, o próprio Nichiren começou a me mandar mensagens por psicografia. Logo passei a receber também mensagens de outros espíritos, mas a maior parte do tempo era Nichiren que se comunicava comigo e respondia às minhas perguntas. Eu nem precisava formulá-las: no instante em que começava a pensar em alguma coisa, a resposta vinha imediatamente. Sem dúvida, essa era uma experiência peculiar, e fiquei imaginando no que iria resultar, por isso resolvi registrar e compilar todas as conversas espirituais, de forma que pude acompanhar o progresso delas.

Durante vários meses, essas conversas continuaram por meio de psicografia, mas em julho os espíritos passaram a usar minhas cordas vocais para falar. Eu não era capaz de escrever rápido o suficiente para captar tudo o que diziam, e como eles queriam que eu transmitisse suas mensagens de maneira mais direta e livre, tornei-me capaz de falar as palavras deles. Tratava-se sem dúvida de uma experiência mística.

Nesse estágio, meu pai, Saburo Yoshikawa, que sempre tivera profundo interesse em espiritualidade, começou a me acompanhar nas sessões de perguntas e respostas com os espíritos; ele e eu fazíamos as perguntas e os espíritos respondiam usando minhas cordas vocais. Meu pai recomendou que registrássemos palavra por palavra daquelas mensagens, então começamos a gravar e transcrever as sessões.

Eu recebia muitas mensagens de diferentes espíritos, cada um com sua personalidade única. Invoquei as mesmas entidades várias vezes ao longo dos anos, para confirmar se as características de suas personalidades e o conteúdo de suas mensagens eram consistentes. Eu invocava um espírito, registrava suas mensagens e, então, esperava passar um ou dois anos antes de registrar mensagens desse espírito de novo. Gravamos esse material durante quatro ou cinco anos e descobrimos que seu conteúdo e as características dos espíritos continuavam coerentes. Por exemplo, descobrimos que a personalidade individual de Nichiren mantinha-se igual. O nível de suas mensagens era cada vez mais elevado, e o que ele dizia era profundo, com afirmações que só um sacerdote com alto grau de sabedoria seria capaz de transmitir.

Desse modo, meu pai e eu fomos comparando as mensagens e confirmando a personalidade e as características de todos esses espíritos, inclusive seus hábitos e padrões de fala. No final, publicamos nossas transcrições como livros, a fim de provar a existência de seres espirituais com personalidades únicas. Esses livros se tornaram a base para a missão do nosso movimento espiritual.

As Mensagens Espirituais Mudaram Minha Vida

Meus pais eram pessoas muitos religiosas, e desde cedo fui educado em um ambiente religioso, por isso já tinha a base que me levou a aceitar uma visão espiritual da vida. Meu pai tinha grande curiosidade por assuntos espirituais, e cresci ouvindo-o contar histórias sobre os fenômenos espirituais que havia presenciado. Ele costumava visitar organizações religiosas e líderes espirituais, e toda vez que ouvia falar de um fenômeno sobrenatural ia lá ver com os próprios olhos. Às vezes, chegava a ficar acordado a noite toda, atraído pela possibilidade de ver um fantasma. Era muito mais interessado nessas questões do que eu mesmo, e muitas vezes tentei convencê-lo a não se envolver demais com esses assuntos.

Apesar do interesse de meu pai pelas questões espirituais, minha educação foi bastante convencional e centrada na escola. Meu foco principal era o acúmulo de conhecimento e experiências relacionados ao mundo físico. Portanto, até chegar à adolescência, eu desenvolvia mais o hemisfério esquerdo do meu cérebro. Ou seja, aprimorei mais o "cérebro que calcula", o "cérebro da linguagem", do que o hemisfério direito – "o cérebro das imagens". As pessoas espiritualmente sensitivas costumam interagir com os espíritos usando o lado direito do cérebro. Pessoas como eu geralmente são insensíveis a revelações espirituais, porque o dom espiritual é incompatível com as habilidades desenvolvidas quando se treina o lado esquerdo. Mas eu tinha uma inclinação artística e literária inata, e era muito sensível em termos emocionais. Embora não saiba pintar, com frequência uso o hemisfério direito do cérebro para desenhar um quadro na minha mente e criar várias imagens e visões. Depois, uso o lado esquerdo para transcrever essas imagens em palavras ou procuro manifestá-las neste mundo material. Assim, acabei desenvolvendo não só poderes espirituais mas também habilidades relacionadas ao mundo terreno. Como se diria, tornei-me "ambidestro".

Até começar a receber mensagens espirituais, a maior parte dos meus esforços na vida foram no sentido de me preparar para ter sucesso nos termos deste mundo, e não do mundo espiritual. Adotei um estilo de vida materialista e nunca imaginei que algum dia meu trabalho consistiria em ensinar as Verdades espirituais às pessoas.

Naquela época, eu tinha duas preocupações principais. A primeira era realizar minhas metas pessoais. Sentia um desejo forte de desenvolver a fundo minhas capacidades e ter o tipo de vida que achava merecer. Queria muito concretizar meus ideais, mas as coisas nem sempre saíam como eu pretendia. Como resultado, enfrentava muitas decepções e sentia como se houvesse alguma força inimaginável colocando obstáculos à minha frente.

Minha outra preocupação estava relacionada com o amor. É perfeitamente natural que os seres humanos queiram ser amados pelos outros. Acredito que nesse aspecto todo mundo é igual; costumamos sofrer, em particular na adolescência, por não termos capacidade de receber amor. Eu não valorizava o que as outras pessoas haviam feito por mim; em vez disso, sentia-me frustrado, desapontado e infeliz quando não conseguia alguma coisa ou não recebia o que esperava dos outros. Além disso, achava que era normal que as pessoas se sentissem assim.

Eu era muito sensível e propenso à negatividade. Quando recebia elogios, não conseguia me sentir feliz ou dar valor a isso, mas diante da mais leve ofensa sentia como se um espinho me atravessasse e ficava magoado durante anos. Às vezes dizemos coisas sem nenhuma intenção de magoar os outros, mas eu costumava levar a sério demais as observações casuais que as pessoas faziam a meu respeito e ficava remoendo aquilo muito tempo, como se cada crítica fosse uma adaga cravada no meu coração. Tinha uma sensação imensa de fracasso; sentia-me infeliz e sem valor e ficava me perguntando por que razão havia nascido neste mundo. Quando olhava o mundo ao meu redor, só enxergava as coisas erradas e contraditórias, e isso me deixava profundamente indignado com todas as injustiças. Não conseguia encontrar dentro de mim um jeito de perdoar aqueles que haviam feito coisas erradas; em vez disso, ansiava por justiça e fazer com que pagassem pelos seus erros.

Pouco antes de começar a receber mensagens espirituais, passei por um longo período de introspecção. Sentia um forte desejo de ficar um tempo em silêncio para examinar meu eu interior. À medida que avançava na reflexão sobre a minha vida, o portal do meu subconsciente foi se abrindo gradativamente e acabei entrando em contato direto com o mundo espiritual. No início, fiquei com receio e resisti à ideia de me conectar com o outro mundo. Por outro lado, as mensagens que recebia eram como um chamado – um convite do Mundo Celestial.

Às vezes me sentia como aqueles profetas do Antigo Testamento, que receberam o chamado de Deus para transmitir a Verdade. No entanto, ainda estava um pouco confuso, sem saber as razões por que deveria ingressar naquele mundo; além disso, como não tinha passado por nenhum treinamento espiritual nem possuía conhecimento suficiente, achava que não estava preparado para aquele chamado. Na realidade, não tinha certeza se tinha capacidade ou era bom o suficiente para me tornar um líder espiritual. A meu ver, havia outras pessoas mais preparadas do que eu para assumir a liderança espiritual.

Em resumo, não tinha ideia de como lidar com o que estava acontecendo comigo. Mas nos anos seguintes, procurei ler bastante sobre assuntos espirituais e descobri que muitas pessoas já haviam passado por experiências similares à minha. Uma delas foi Madre Teresa de Calcutá, que um dia ouviu a voz de Jesus Cristo quando viajava de trem e despertou para a missão da sua vida. Depois disso, ela iniciou seu grande trabalho na Índia.

Aos poucos, fui me acostumando a me comunicar diariamente com os espíritos. Foi então que recebi uma mensagem que provocou um profundo impacto na minha maneira de ver as coisas. Quando comecei a psicografar, perguntei ao espírito de Nichiren qual era a minha missão na Terra – o que me haviam mandado fazer aqui. Ele respondeu: "Amar, nutrir e perdoar". Fiquei pensando no sentido dessa mensagem simples por vários meses, até que finalmente entendi que ela continha a essência da filosofia que eu estava prestes a desenvolver e a parte principal do trabalho que deveria realizar neste mundo.

Continuei meditando sobre esse tema por quase três anos, na época em que trabalhava para uma das mais importantes empresas japonesas de comércio exterior. Repetia constantemente essas palavras para mim mesmo enquanto tentava vislumbrar o que faria da vida. Aos poucos fui compreendendo que as três palavras da mensagem de Nichiren – amar, nutrir e perdoar – apontavam todas para a mesma direção. Amar as pessoas, nutri-las e perdoá-las envolvia uma abordagem ativa da minha parte, sem pensar em qualquer retorno para mim. Em outras palavras, representavam uma forma de altruísmo.

Essas três palavras-chaves transmitidas por Nichiren foram o ponto de partida para que eu desse um giro completo na minha forma de ver o mundo. Compreendi que a felicidade que eu vinha buscando a vida inteira não era de modo algum a verdadeira felicidade. Eu achava que a felicidade era algo que os outros iriam nos conceder. Que para ser feliz era preciso receber elogios e conquistar a admiração dos outros. Mas a mensagem passada por Nichiren me despertou para o sentido oposto ao de receber algo dos outros.

Fiz uma longa reflexão sobre minha vida procurando recordar as vezes em que havia amado alguém de verdade, ou se pelo menos tinha tentado amar os outros. Mas apenas consegui me lembrar de umas poucas situações em que havia de fato dado amor às pessoas. A partir daí comecei a ver que frequentemente havia recebido amor dos outros e, com mais clareza, o quanto os outros haviam feito por mim ao longo dos anos. Comecei a perceber o quanto devia a meus pais, amigos e professores, por tudo o que haviam feito para me ajudar. Compreendi que tinha sido capaz de me dedicar aos estudos graças ao apoio deles e às condições que haviam me proporcionado. E que, na época em que eu era estudante, pensava apenas em mim. Eu esperava receber reconhecimento e benefícios pessoais em retribuição aos meus esforços.

Para compreender isso, fiz uma espécie de lista comparativa, que chamei de "balancete do amor", onde procurava lembrar de tudo o que os outros haviam feito por mim e de tudo o que eu havia feito pelos outros. Como num balancete contábil, listei o que havia feito pelos outros na coluna do ativo, isto é, dos "meus créditos", e o que os outros haviam feito por mim na coluna do passivo, ou seja, dos "meus débitos". Foi uma experiência surpreendente descobrir o quanto eu já havia recebido dos outros e quão pouco havia feito por eles. Quando fiz o balanço disso tudo, senti um profundo arrependimento pela maneira como havia vivido, e percebi que precisava me tornar uma nova pessoa. Quando essa Verdade surgiu diante de mim, comecei a pensar que deveria haver uma felicidade muito superior àquela que eu vinha buscando apenas satisfazendo minhas vontades.

Compreendi que experimentamos felicidade quando sentimos que crescemos e aumentamos nossa presença no mundo. O desejo de ser reconhecido e apreciado surge por causa do desejo de crescer, mas ao tomar amor dos outros, ele não pode ser concretizado. Isso seria uma mera tentativa de pegar para nós as partes que sentimos que estão faltando. O autodesenvolvimento no sentido verdadeiro ocorre quando semeamos uma parte de nossa alma, espírito, mente ou coração nos outros. É influenciar as pessoas de forma positiva pela sua maneira de viver ou de pensar.

Em geral, pensamos que perdemos alguma coisa quando damos, e que ganhamos algo quando recebemos. Mas, de uma perspectiva espiritual, quanto mais damos, mais crescemos. O verdadeiro caminho para o autoaprimoramento não está em defender nossos interesses. A verdadeira felicidade só pode ser encontrada quando compreendemos nosso verdadeiro valor como seres humanos e nos colocamos a serviço dos outros.

Foi isso o que descobri quando refleti sobre a mensagem "Ame, nutra e perdoe". Ao continuar analisando essa frase, obtive a certeza de que o amor possui diferentes estágios de desenvolvimento. E, então, quando tinha uns 27 anos de idade, formulei a filosofia dos "Estágios do amor", a partir dessas três palavras.[1] Quando essa filosofia tornou-se mais clara, marcou o início da fase seguinte do meu desenvolvimento espiritual. Passei a pensar em como poderia colocar essa filosofia em prática, e depois de três anos vi que estava pronto para seguir adiante e passar realmente a ensinar as Verdades espirituais em público.

Registrar as Mensagens Espirituais mesmo Trabalhando em Tempo Integral

Na época em que estava recebendo as mensagens espirituais de Nichiren e de outros espíritos divinos, eu trabalhava numa grande empresa japonesa de comércio exterior, que quase sempre exigia minha dedicação em tempo integral. Nesse período, meu pai, Saburo Yoshikawa, foi uma grande fonte de energia e apoio para mim. Ele empenhou-se para compilar as mensagens espirituais que eu recebia, organizá-las em forma de livro e encontrar uma editora para publicá-las.

Meu pai costumava viajar até a região onde eu morava e ficava hospedado num hotel, onde gravávamos as mensagens espirituais. Também gravamos algumas delas quando eu viajava de volta à minha cidade natal de Tokushima nos fins de semana, nas férias de verão, nos feriados de Ano-Novo e outros. Eu costumava voltar para lá com frequência – cerca de duas vezes por mês – a ponto de meus colegas perguntarem: "Você volta para sua cidade natal muitas vezes. Vai se casar com alguém de lá?" Eles gostavam

1. Ver o capítulo "O Grande Rio do Amor" em *As Leis do Sol* (de Ryuho Okawa, São Paulo, IRH Press do Brasil, 2015) para uma explicação detalhada da filosofia dos Estágios do amor.

de me provocar dizendo: "Puxa, você deve estar desesperado mesmo, tendo que ir muitas vezes lá para se encontrar com a futura esposa". Então, eu preferia entrar na brincadeira e respondia: "Sim, de fato, é que sou muito popular na minha cidade. E lá tem uma porção de mulheres me fazendo propostas de casamento". Mas na realidade eu estava ocupado em "ver e conversar" com os espíritos. Estava tendo "encontros", sim, mas não com pessoas de carne e osso, e nem sempre era uma mulher. Voltava para casa para me "encontrar" com os espíritos.

Nessa época, eu morava em um alojamento da empresa, e meu pai costumava ligar para discutir questões editoriais. Meus colegas achavam que estávamos tratando de preparativos para o meu casamento, então comentavam: "Está marcando outro encontro? Você deve ser popular mesmo". Na realidade, a discussão era se devíamos cortar ou editar alguns trechos ou deixá-los como estavam. As pessoas próximas achavam estranho meu pai me ligar tantas vezes. Era por causa do trabalho naqueles livros, mas nós evitávamos que os outros soubessem do que se tratava.

Assim, continuei publicando livros de mensagens espirituais. Mas esses livros eram diferentes de qualquer coisa que eu já tivesse lido no passado; então, à medida que os publicava, também ia estudando as opiniões dos espíritos. Os pontos de vista deles continham parte da verdade, mas algumas de suas ideias eram peculiares, sem coerência e unanimidade. Fiquei surpreso ao descobrir que até mesmo entre eles havia opiniões diferentes sobre um mesmo assunto. Os espíritos muitas vezes discutem entre si suas diferenças de opinião. Por essa razão, passei a ter um cuidado especial em checar empiricamente, comparar e verificar o que eles diziam, para descobrir se estavam certos ou errados.

Ao mesmo tempo, fui desenvolvendo a base da filosofia espiritual que transmito hoje. Imaginava que, se escrevesse um livro com minhas próprias ideias, seria difícil publicar mensagens de vários espíritos cujas opiniões e maneiras de pensar eram diferentes. Por isso, decidi primeiro publicar as mensagens espirituais, a fim de provar a existência do mundo espiritual, e somente depois introduzir meus pensamentos e minha filosofia.

Foi muito difícil registrar e publicar as mensagens espirituais que vinha recebendo, porque quase ninguém entendia o que estávamos fazendo. Mesmo que as pessoas acreditassem firmemente na existência do mundo espiritual e dos espíritos, elas costumavam evitar esse tema em público. Como essas coisas não são ensinadas na escola e tampouco costumam estar relacionadas ao trabalho das pessoas na sociedade, elas não falam sobre isso abertamente. Algumas podem até conversar sobre esse assunto na igreja ou em atividades religiosas, mas em geral não discutem questões espirituais no trabalho. Foi nessas circunstâncias que comecei a publicar as mensagens espirituais que recebia.

Na empresa, meus colegas achavam essas coisas impossíveis, por isso eu não tinha com quem conversar sobre o que estava fazendo. Mas meus pais deram-me todo o apoio, o que me proporcionou uma sensação de estabilidade quando iniciei minha missão. Dei muito valor ao fato de meus pais serem religiosos e aceitarem 100% a existência do outro mundo. Sou realmente grato pelo fato de meus familiares já terem essa compreensão das Verdades espirituais. Teria sido muito mais difícil se eles não acreditassem em espíritos ou no outro mundo.

De qualquer modo, esse período foi muito doloroso para mim. Mesmo trabalhando em dois mundos tão opostos, depois de alguns anos cheguei a um ponto da minha carreira em que estava perto de obter um cargo de administração intermediária. O caminho da promoção se abria à minha frente. Eu ainda preservava uma forte ambição de progredir no mundo dos negócios e conquistar sucesso pessoal, mas também senti que não poderia deixar que as coisas continuassem como estavam. Precisava encontrar alguma maneira de realizar a missão especial que eu sabia que me havia sido confiada. Esses dois caminhos eram incompatíveis, e isso causou um conflito em meu interior. Parte do meu problema era o medo do desconhecido. Será que as pessoas entenderiam de fato o que eu estava prestes a começar? Meu problema era como difundir o conhecimento que estava adquirindo. Sabia que queria criar algum tipo de organização com base em tudo o que me havia sido passado, mas não tinha ideia de onde começar.

A situação chegou ao auge pouco antes de eu completar trinta anos de idade. Os espíritos superiores que vinham falando comigo me enviaram uma mensagem crucial: "Chegou a hora de agir". Ao ouvir isso, tomei a decisão de avisar minha empresa. Estava determinado a andar com as próprias pernas e viver em meio às Verdades.

A essa altura, já havíamos lançado cinco ou seis livros; estávamos publicando novas compilações de mensagens a cada dois meses. Foi quando decidi sair da empresa e fundar a organização espiritualista que viria a se tornar a Happy Science.

Transmitir as Palavras dos Espíritos: Médiuns, Profetas e Mestres

Quando as pessoas ouvem falar que alguém transmite as palavras dos espíritos, acham que se trata apenas de um fenômeno mediúnico. Mas aqueles que conseguem canalizar espíritos geralmente se enquadram em uma dessas duas categorias: médiuns ou profetas.

Quando o espírito entra no corpo de um médium comum, este entra em transe e depois não consegue mais se lembrar do que o espírito disse. Por exemplo, quando um xamã invoca os espíritos, ele perde a consciência, porque a alma do xamã sai do corpo, quando o outro espírito entra. Para poder falar através de um médium, um espírito precisa tomar posse de seu corpo inteiro. Como a força espiritual do espírito supera a força espiritual do médium, o primeiro consegue controlar o outro totalmente; assim, o médium se torna apenas um veículo para a transmissão de suas palavras e fica incapacitado de emitir as próprias opiniões.

O mesmo fenômeno ocorre em indivíduos diagnosticados com o chamado distúrbio de múltipla personalidade. De repente, a pessoa assume uma personalidade totalmente diferente e também outro nome. Em alguns casos, a personalidade original só retorna depois de muito tempo e pode demorar até vários meses. É provável que essas pessoas com distúrbio de múltipla personalidade estejam sendo possuídas por vários espíritos com diferentes personalidades. Mas não é isso o que ocorre com médiuns e xamãs, pois eles são capazes de controlar esse fenômeno: podem invocar os espíritos usando sua livre vontade e permitir que se apoderem deles temporariamente.

Em contrapartida, os profetas são capazes de ouvir as palavras ou ver imagens de Deus e manter a própria consciência. Muitos recebem apenas revelações, ou veem palavras ou ouvem vozes, mas não oferecerem um grande volume de ensinamentos. Em vez disso, recebem uma mensagem específica de Deus, que os instrui a fazer algo específico em momentos cruciais. Como exemplo, temos a Profecia de Fátima, na qual a Virgem Maria apareceu e fez três previsões. Em geral, aos profetas é transmitida apenas uma pequena quantidade de informação espiritual.

Mas existe uma terceira categoria: a dos mestres espirituais. Eles conseguem pregar seus ensinamentos únicos, originais, e sua capacidade supera a dos profetas e dos médiuns. Estes são casos raros e excepcionais, pois, em geral, mesmo vivendo na Terra, os mestres têm *status* espiritual superior ao dos espíritos que estão lhe enviando mensagens. Jesus e Buda, por exemplo, não eram simples médiuns ou profetas, mas mestres. Seus ensinamentos não se limitavam apenas a transmitir as palavras de outros espíritos. Jesus e Buda recebiam mensagens e ouviam vozes de muitos espíritos divinos diferentes, mas passavam seus próprios ensinamentos, com base em sua livre vontade. Podiam pregar uma diversidade de ensinamentos porque tinham o poder espiritual de receber mensagens de vários espíritos divinos.

Eu não sou simplesmente um médium ou profeta; na verdade, sou um mestre espiritual, assim como Jesus e Buda. Quando um espírito entra no meu corpo, eu preservo minha consciência. Minha alma continua no meu corpo o tempo todo em que o espírito está falando por meu intermédio. É como ter duas almas (espíritos) dentro do meu corpo. Então, sou capaz de ouvir as mensagens dos espíritos, de fazer perguntas e de ouvir as respostas por mim mesmo. Posso desempenhar dois papéis ao mesmo tempo – fazer perguntas e responder a elas. Em geral, é assim que conduzo minhas sessões de mensagens espirituais.

A razão pela qual sou capaz de fazer isso é simplesmente por ter um grande poder espiritual. Meu corpo espiritual é tão forte que, quando outro espírito entra em meu corpo, ele não consegue me controlar por completo nem deslocar meu corpo espiritual para fora. Em alguns casos, posso receber mensagens de vários espíritos ao mesmo tempo, porque minha capacidade espiritual me permite manter o controle da situação.

Quando comecei a publicar as mensagens recebidas na década de 1980, meu editor considerava os espíritos mais importantes do que eu – ele achava que eu era apenas um médium. Eu sabia que há situações em que os espíritos de fato são mais importantes que o médium que transmite suas mensagens, e consegui entender por que meu editor se sentia assim a meu respeito. E também sabia que, antes de mais nada, seria muito difícil conseguir publicar um livro com meus ensinamentos; então, decidi deixar por isso mesmo e concordar que meu editor apresentasse os livros destacando mais a figura dos espíritos do que a minha.

Mais tarde, porém, comecei a publicar livros que traziam minha própria filosofia e meus pensamentos; e fiquei conhecido como líder religioso. As ideias e opiniões dos espíritos haviam me ajudado a estabelecer os primeiros fundamentos da minha filosofia, que depois passei a transmitir junto com as mensagens, deixando claro que eu era mais um líder espiritual e religioso do que simplesmente um médium.

Como Funciona a Comunicação Espiritual

Até hoje, ainda me comunico todos os dias com os espíritos. Para mim, fazer contato com um espírito com o qual eu gostaria de falar é simples como fazer uma ligação telefônica. Quando eu os invoco, eles logo respondem ao meu chamado, e muitas vezes também "ligam para mim" – ou seja, me procuram para conversar – quando têm algo que gostariam de me dizer. Posso me comunicar com eles em qualquer lugar ou hora do dia, já que o mundo espiritual não possui os mesmos conceitos de tempo e distância física deste mundo.

Quando vou me comunicar com um espírito, primeiro concentro minha mente em um lugar calmo e pacífico. Se sua mente estiver agitada ou cheia de preocupações, ou se você se sente cansado ou frustrado, não será capaz de se comunicar com os espíritos elevados do mundo celestial. Primeiro, é preciso estar com a mente calma e em paz, como se fosse a superfície serena de um lago. Quando concentro minha mente e alcanço um estado mental de paz interior, consigo contatar o mundo espiritual em um ou dois segundos.

Também converso com os espíritos por telepatia, sem precisar invocá-los, como quem fala com uma pessoa fisicamente presente. As pessoas comuns não iriam suportar viver desse jeito. Tenho certeza de que a maioria ficaria assustada se os espíritos aparecessem na frente delas. Você ficaria chocado se um espírito surgisse no seu quarto, lhe dissesse alguma coisa e saísse, como se fosse a coisa mais natural do mundo. Mas estou acostumado a ter espíritos à minha volta o tempo todo, pois vivi desse jeito nos últimos trinta anos. É uma experiência de vida bem incomum.

Eu costumava ter contato apenas com os espíritos de grandes personagens, mas atualmente, todos os dias surgem também os espíritos guardiões[2] das pessoas que conheço querendo me transmitir as preocupações que estão em seu coração. No entanto, permito que só determinados espíritos falem comigo. Por exemplo, os espíritos guardiões dos monges que pertencem ao corpo administrativo de nossa organização com frequência vêm me expor suas opiniões.

Os espíritos guardiões são muito honestos; eles me revelam o que estão de fato pensando. Portanto, quando os espíritos guardiões dos monges executivos de nossa organização vêm falar comigo, eu os ouço. Mesmo quando esses executivos negam que estejam pensando nas coisas reveladas por seus espíritos guardiões, os acontecimentos geralmente se desenrolam da maneira como os espíritos guardiões indicaram.

Eles costumam me informar com antecedência o que as pessoas às quais estão ligados no mundo físico planejam fazer ou dizer num futuro próximo, muito antes que elas se tornem cientes de suas verdadeiras intenções.

Mas o que os espíritos guardiões me revelam corresponde aos verdadeiros pensamentos das pessoas, e as ações e palavras das pessoas se originam das orientações dos espíritos guardiões. Como

2. Os espíritos guardiões são uma parte de nossa alma, uma parte da consciência das pessoas que vivem na Terra; refletem nossos pensamentos e personalidades. Todo mundo tem um espírito guardião que lhe dá orientação espiritual ao longo da vida. Para mais informações, ver *As Leis do Sol* (de Ryuho Okawa, São Paulo, IRH Press do Brasil, 2015).

o espírito guardião constantemente envia inspiração para a pessoa que vive na Terra, ela começa a pensar e agir de acordo com as opiniões do espírito guardião. Por outro lado, às vezes os espíritos guardiões tendem a exagerar nos fatos, portanto também procuro levar isso em conta.

Quando recebo e transmito as mensagens dos espíritos, deixo que falem através de mim, mas ao mesmo tempo ouço suas opiniões e as avalio como se fosse um juiz. Sou responsável por averiguar qual é o deus ou espírito que está falando, interpretando a mensagem que estou recebendo e julgando seu conteúdo.

Portanto, tenho três papéis diferentes: transmito as palavras do espírito, observo a mim mesmo enquanto passo a mensagem espiritual, e aprecio a cena inteira de maneira objetiva. Procuro ter uma perspectiva objetiva, que me permita observar a situação e ouvir a entrevista, e chego a pensar coisas como: "Seria melhor que se fizesse tal pergunta". Se eu quisesse, também poderia formular minhas próprias perguntas, mas não o faço porque talvez fique confuso demais para a plateia distinguir quem está perguntando e quem está respondendo.

Tenho invocado diversos espíritos estrangeiros, e muitos ficam imaginando como é possível se comunicar com entidades que falam outras línguas, por isso gostaria de explicar como isso funciona. Morei um ano em Nova York, numa época em que meus olhos espirituais se abriram e passei a me comunicar com os espíritos.

Quando você mora num país estrangeiro, entra em contato com vários espíritos daquele país, mas, para dizer a verdade, é difícil comunicar-se com eles. Quando uma pessoa "comum" morre, sua consciência permanece a mesma, portanto ela só consegue falar no idioma que usava enquanto estava viva. Assim, a não ser que você fale essa mesma língua, é difícil se comunicar com esse espírito. Mas os espíritos de mundos superiores – seres conhecidos como anjos ou *bodhisattvas*, e *tathagatas*[3] ou arcanjos – têm uma capacidade espiritual muito mais desenvolvida. Por exemplo, Jesus Cristo, em vida, falava um dialeto hebraico (o aramaico), mas hoje, 2 mil anos depois, o cristianismo espalhou-se pelo mundo de língua inglesa, e os falantes nativos de inglês leem a Bíblia e rezam em inglês. Portanto, se Jesus só fosse capaz de falar e entender hebraico, não conseguiria realizar o trabalho necessário. Há cristãos espalhados pelo mundo inteiro; por isso, para cumprir sua missão Jesus tem de ser capaz de compreender as orações em muitas línguas diferentes. Assim como Jesus, os espíritos divinos das dimensões superiores têm capacidades que transcendem as barreiras de linguagem. A língua é simplesmente uma manifestação verbal da nossa vontade ou dos nossos pensamentos, e os espíritos das dimensões superiores são capazes de ler os pensamentos das pessoas antes mesmo que sejam expressos em palavras. É por essa razão que eles conseguem compreender e se comunicar com pessoas que falam outras línguas.

Vou dar um exemplo do que ocorre quando espíritos que falam outros idiomas entram em contato comigo. Quando Confúcio me enviou suas mensagens, ele falou chinês nos primeiros quinze minutos. Mas depois de um tempo, meu centro linguístico começou a se concentrar, e passei a receber a sua vontade – o significado do que ele estava tentando me dizer. Então, fui capaz de traduzir o que ele dizia para a minha língua nativa, o japonês, como se estivesse fazendo uma tradução simultânea. O mesmo

---

3. Os *bodhisattvas* são equivalentes aos anjos do cristianismo. Eles trabalham para difundir as Verdades de Deus e oferecer salvação às pessoas. Assim como *bodhisattva*, *tathagata* é um termo budista que significa "proveniente das Eternas Verdades" ou "incorporando as absolutas Verdades de Deus". Os *tathagatas* equivalem aos arcanjos do cristianismo, às vezes chamados também de Grandes Espíritos Guias de Luz. Para mais informações, ver *The Nine Dimensions* (de Ryuho Okawa, Nova York, IRH Press, 2012) e *As Leis da Eternidade* (de Ryuho Okawa, Editora Cultrix).

ocorreu com Moisés e Jesus Cristo. Embora tenham demonstrado um pouco de sotaque, a mensagem deles foi transmitida em japonês. Eu consigo captar e compreender a essência ou a base das ideias sem precisar das palavras.

Portanto, seja qual for a linguagem do espírito, consigo compreender o que irá dizer antes mesmo que ele comece a falar. Assim, antes que a entrevista espiritual tenha início, consigo captar instantaneamente o que o espírito vai dizer. Consigo entender o quadro geral como se fosse um conceito. Daí, é só uma questão de como expressar isso. Atualmente, consigo entender várias línguas com mais facilidade do que antes, pois minhas faculdades mentais que atuam na tradução melhoraram. Mas basicamente o que faço é ouvir "palavras" que ainda irão se tornar palavras.

No passado remoto, mesmo antes de as palavras serem criadas, os seres humanos conseguiam se comunicar entre si. As palavras passaram a existir e se desenvolveram de forma gradual com o passar do tempo. As línguas modernas e as gramáticas que usamos hoje se desenvolveram apenas nos últimos milênios. Mas, antes disso, os seres humanos já compartilhavam suas "ideias" uns com os outros.

O pensamento surge antes da fala. Antes que você diga algo, surge um pensamento, e daí você decide comunicá-lo. Esse pensamento passa pelos circuitos do seu cérebro e se expressa em palavras na língua que você fala. Eu consigo captar a maior parte do significado que o espírito deseja transmitir mesmo antes que o pensamento circule pelo meu cérebro e se torne fala. Mesmo assim, sinto que minha responsabilidade é expressar a ideia do espírito da maneira mais próxima possível à vontade dele.

Eu conduzo leituras espirituais não apenas de seres humanos da Terra, mas também de seres extraterrestres. Esse conceito talvez seja até mais difícil de compreender e aceitar. Há palavras que simplesmente não podem ser traduzidas para os idiomas da

Terra. Assim, ao captar a ideia que vem da alma do ser extraterrestre, tento comunicá-la. Esse método é mais próximo da telepatia, isto é, a capacidade de ler a mente deles.

Esclarecer as Pessoas sobre as Verdades do Mundo Espiritual

Comecei minha missão de divulgar as Verdades aos 24 anos de idade, quando alguns espíritos divinos começaram a me enviar mensagens do Céu. Essas mensagens foram o ponto de partida das minhas atividades e do movimento espiritual que hoje se espalhou ao redor do mundo.

Hoje, conduzo minhas sessões de mensagens espirituais como se fossem uma entrevista diante de uma plateia selecionada, na esperança de despertar a consciência das pessoas para a existência de espíritos e do mundo espiritual. Para mim, é óbvio que o mundo espiritual existe, mas muita gente ainda duvida disso. Cerca de dez anos depois de lançar meu primeiro livro com mensagens espirituais de Nichiren (1985), parei de publicar as mensagens recebidas e comecei a compilar os ensinamentos da minha filosofia espiritual e religiosa. Mas, nos últimos tempos, senti de novo que havia chegado o momento de provar que o mundo espiritual realmente existe. Assim, em 2009, passei a conduzir sessões de mensagens espirituais abertas, diante de um público selecionado, e a publicá-las. Desde então, antes e depois das mensagens, tenho incluído meus comentários e pontos de vista para o conhecimento de todos.

Tenho certeza de que muitas pessoas que acreditam na existência do mundo espiritual já enfrentaram momentos difíceis ao tentar convencer os outros dessa realidade. Mas o que é verdade é verdade, e ninguém pode negar a verdade. O mundo espiritual e os espíritos existem de fato. E isso ficará 100% claro para todas as pessoas depois que morrerem. Recebemos a vida como dádiva por algumas décadas neste mundo terreno, mas depois precisaremos enfrentar o momento final. Não importa o quanto as pessoas neguem a existência do mundo espiritual, ele é um fato e uma verdade. Ele existe, e aqueles que acreditam nos espíritos e no outro mundo é que estão certos.

Neste livro, você verá comunicações diretamente dos espíritos que viveram na Terra alguns milhares de anos atrás. Suas mensagens, porém, não são de modo algum velhas, e sim muito atuais. Se os espíritos descessem e ficassem na sua frente, você provavelmente faria muitas das perguntas que fiz a eles. Então, acredito que você poderá receber essas mensagens como se os espíritos estivessem falando diretamente com você, neste exato momento.

Ao publicar essas mensagens espirituais, precisei fazer uma pequena edição e ajustes de algumas palavras dos espíritos. De resto, as mensagens são basicamente a transcrição do que eles disseram em uma conversa real. Nesse sentido, este livro é uma prova de que o mundo espiritual existe.

Para aqueles que ainda não conhecem meus ensinamentos, este livro servirá para que vejam as coisas por uma nova perspectiva espiritual. Se você achar que este livro o ajudou e quiser aprender mais, recomendo que leia alguns dos muitos livros que publiquei com meus ensinamentos. Além disso, com base na minha própria experiência, creio que é muito importante você ter alguém na sua família com quem possa compartilhar suas crenças espirituais. Se conseguir conduzir sua família para este caminho da Verdade, estará ajudando a criar um mundo melhor. Espero que leia este livro e comece a transmitir as Verdades às pessoas ao seu redor.

É o meu desejo mais sincero que as mensagens espirituais deste livro lhe sirvam como uma referência útil em seus esforços para compreender as Verdades. Ficarei muito feliz se você conseguir aprofundar sua compreensão dessas mensagens e fazer brilhar uma nova luz no mundo.

Capítulo Um

Jesus Cristo

O Amor Une Todas as Pessoas

A Vida de Jesus Cristo[4]

Ao longo da história, grandes personagens surgiram em todas as religiões e culturas para difundir os ensinamentos de Deus à humanidade. Periodicamente, a cada centenas ou milhares de anos, Deus envia seus mensageiros do Céu a fim de criar uma base para as diversas civilizações e culturas do mundo. Esses homens e mulheres são pessoas extraordinárias, que atualizam os ensinamentos de Deus na Terra e acabam se tornando o coração de sua civilização.

Antes do nascimento de Jesus Cristo, no século I a.C., havia uma crença bastante difundida por profecias entre os israelitas de que iria surgir um novo Messias, que nasceria entre o povo de Israel. As profecias diziam que o Messias estabeleceria o reino de Deus na Terra, seria crucificado e ressuscitaria. Havia muitas seitas judaicas nessa época. Os fariseus, por exemplo, pregavam que os Dez Mandamentos deveriam ser seguidos rigorosamente, e os saduceus representavam a maioria conservadora. Jesus de Nazaré havia nascido de pais que pertenciam à seita dos essênios, que acreditavam no Messias e aguardavam sua vinda.

Quando Jesus nasceu, seu pai, José, tinha 36 anos de idade, e sua mãe, Maria, 17. Muitos cristãos creem que Jesus nasceu de uma virgem, o que também é similar à crença budista de que o Buda Shakyamuni nasceu da axila da rainha Maya. No entanto, a história de que Jesus havia nascido de uma virgem surgiu posteriormente entre os cristãos, pois desejavam transmitir sua percepção a respeito da natureza divina de Jesus, e incentivar as pessoas a acreditarem que Jesus era o Messias. Na realidade, Jesus foi concebido da mesma maneira que todos nós. Mas é verdade que três

4. A maior parte desta seção foi psicografada. Não posso atestar a precisão do seu conteúdo, mas transmiti a informação que encontrei no Mundo Celestial.

homens sábios previram o nascimento do Messias e seguiram uma estrela até a Judeia para encontrá-lo.

Quando Jesus tinha sete anos, um anjo já o havia visitado. Desde pequeno, Jesus já possuía os dons da fala espiritual, visão espiritual (clarividência) e audição espiritual (clariaudiência). Nessa tenra idade, um anjo podia entrar em seu corpo e permitir que Jesus travasse eloquentes discussões a respeito da Bíblia Hebraica. Os membros da sua comunidade ficavam impressionados com sua precocidade, e na época em que ele estava com dez anos os boatos de que era uma criança prodígio já haviam se espalhado de forma abrangente. Os líderes anciões dos essênios compreenderam que Jesus devia ser o Messias que os profetas hebreus haviam profetizado. Eles se encarregaram de proteger Jesus das perseguições de outras seitas e lhe proporcionaram uma boa educação.

Hoje, não se sabe praticamente nada sobre a adolescência e a fase adulta inicial de Jesus, pois os relatos desse estágio de sua vida foram excluídos da Bíblia original. Descobri por meio de exploração espiritual que Jesus recebeu uma educação religiosa de elite, que incluiu viagens a lugares como o Egito, onde passou cerca de um ano quando tinha treze anos, acompanhado por um jovem sacerdote essênio. Lá, aprendeu sobre as diversas religiões que existiam na região.

Depois, aos dezesseis anos, Jesus foi para o oeste da Índia, onde ficou por um ano e meio junto a vários anciões judeus. Na Índia, aprendeu os métodos tradicionais da meditação iogue e estudou as escrituras budistas. Também aprendeu a desenvolver o dom da materialização; ou seja, a usar o poder de sua vontade e o poder místico da oração para fazer milagres no mundo físico. Enquanto estudava sob o nome místico de "Manitula", aprendeu a materializar pão e peixes a partir do nada. E por fim, no nível filosófico, ficou encantado com os "Ensinamentos Budistas" do altruísmo e do princípio da realização de oferendas.

Aos 21 anos, Jesus partiu para outra viagem, dessa vez para a Pérsia. Lá aprendeu do zoroastrismo, o conceito da dualidade entre o bem e o mal, e estudou os ensinamentos de Ahura Mazda, o supremo deus do zoroastrismo. Mas não se reconciliou por completo com a ênfase dada pelo zoroastrismo à adoração do fogo.

A partir dos 25 anos, Jesus começou a estudar com determinação a Bíblia Hebraica. Depois, aos 27, passou a praticar meditação e exercícios ascéticos em uma caverna em Qumran, perto do mar Morto. Passou três anos praticando essas disciplinas enquanto contemplava e formulava os fundamentos de seus ensinamentos. Uma das almas irmãs de El Cantare, Hermes, orientou Jesus a respeito do amor, e este ensinamento causou-lhe um grande impacto, impulsionando seu despertar espiritual. O amor tornou-se a essência dos ensinamentos de Jesus e mais tarde foi a chave da disseminação mundial do cristianismo. Do budismo, Jesus adotou o conceito de carma, ensinando que "colhemos o que plantamos". Jesus sabia que este era um preceito valioso. Mas conservou seu foco principal nos ensinamentos do amor, pois sentiu que nesse aspecto o budismo era carente. Dos iogues, adotou a prática do poder espiritual, que mais tarde o ajudou a despertar seus seguidores. Do zoroastrismo, Jesus adotou os conceitos de expulsar o mal. Ao integrar esses diversos ensinamentos, sua filosofia principal aos poucos ganhou forma.

Quando Jesus tinha trinta anos, o arcanjo Gabriel apareceu diante dele durante sua meditação na caverna. Gabriel passou-lhe a seguinte mensagem: "Você deve voltar agora para Nazaré. Durante a viagem para sua terra natal, verá um homem fazendo batismos às margens do rio Jordão. Esse homem é o famoso João Batista. Você irá encontrá-lo, e esse encontro marcará o início da sua pregação na Terra. Então, precisará reunir discípulos. Você terá doze discípulos. Eles se tornarão os doze apóstolos, os discípulos principais aos quais você transmitirá seus ensinamentos".

Todos sabemos o que Jesus ensinou a partir de então, porque a maior parte de seus preceitos acabou registrada na Bíblia. Embora sua pregação tenha durado apenas três anos, seus ensinamentos haviam sido elaborados e desenvolvidos ao longo dos 23 anos anteriores, desde que ele tinha sete anos. Seus ensinamentos eram profundos e universais e inspiraram inúmeras pessoas com admiração. Quando Jesus foi pregado na cruz no Gólgota, aos 33 anos de idade, não morreu em vão, pois sua morte moldou a história do mundo pelos 2 mil anos seguintes.

Mensagem Espiritual de Jesus Cristo

1

Deus Ama a Todas as Pessoas sem Discriminação

Ódio e Amor

O ódio e o amor são duas emoções humanas fundamentais. Pelo fato de estarem em extremos opostos no espectro emocional, é comum que sejam encaradas como coisas separadas, mas, na realidade, o ódio e o amor partilham o mesmo fundamento: o princípio do amor. O amor humano é o resultado da total aceitação do princípio do amor, enquanto o ódio nasce da rejeição desse princípio. Nossa rejeição ou aceitação do princípio do amor é a única coisa que pode separar essas duas emoções.

É próprio da natureza do amor circular pelo mundo. As pessoas só sentem ódio quando o fluxo natural do amor fica obstruído. Para que o amor possa fluir de novo, precisamos apenas remover essa obstrução.

Sentimos ódio quando as outras pessoas não são do jeito que gostaríamos que fossem ou não se comportam do jeito que desejamos. O ódio surge quando ficamos com raiva por não conseguirmos controlar as pessoas de acordo com a nossa vontade. Mas, no final das contas, o ódio é apenas outra forma do desejo natural de amor. As pessoas que odeiam querem ser amadas, respeitadas e valorizadas. Estão desesperadas para receber amor, mas não são fortes o suficiente para dar amor aos outros.

Ao contrário, aqueles que têm amor não pedem nada – apenas dão. Continuam dando e dando, infinitamente. São capazes de fazer isso porque estão muito conscientes das diversas bênçãos que Deus tem lhes dado. Querem compartilhar o amor de Deus com os outros porque perceberam o quanto receberam e querem mantê-lo fluindo.

O amor humano surge da gratidão que sentimos quando compreendemos que temos sido abençoados com tudo. É essa percepção que nos inspira a dar amor aos outros. Então, peço àquelas pessoas que estão ardendo nas chamas do ódio, neste exato momento, que coloquem as mãos sobre o coração e perguntem a si mesmas se sentem gratidão. Você se sente grato por tudo o que Deus tem lhe dado? Sente-se grato a todos aqueles que o têm ajudado ao longo da vida? Lembre-se: um coração sem gratidão é um coração destituído de amor.

Devemos dar amor aos outros com a maior frequência possível, pois Deus já deu a cada um de nós tudo de que precisamos. Não faz parte da verdadeira natureza humana ser indiferente às bênçãos de Deus, sentir um apetite incontrolável por ter novas coisas e ficar sempre exigindo: "Façam isso por mim. Façam aquilo para mim".

As ações que nascem do amor são verdadeiramente belas. O ódio não só causa dano aos outros, mas também profana nossa sagrada natureza divina. Portanto, devemos abandonar todo o ódio existente em nós.

Neste mundo de pessoas tão diversas, é impossível controlar todas elas do jeito que queremos. Mesmo Deus, o Todo-Poderoso, nunca impõe Suas preferências a ninguém. Deus nos dá liberdade para pensar por nós mesmos, falar com nossas próprias palavras e agir de acordo com a nossa vontade. Mesmo que nos comportemos de um modo que Deus não aprove, ou que adotemos uma maneira de pensar que Lhe desagrade, Ele nos perdoa por esses erros; concede Sua luz e Seu calor incondicionalmente a todos, como o Sol. Deus nunca para de nos nutrir com nuvens de chuva e campos de grãos.

Se Deus perdoa os pecadores, que direito teríamos de julgá-los? Não temos nenhum direito de julgar os outros. Detestamos ser julgados, portanto jamais devemos julgar os outros. Nunca devemos considerar qualquer pessoa como má, nem classificá-la como incorreta. Devemos compreender que Deus continuará nutrindo essas pessoas da mesma maneira que nutre todos os demais.

Deus nunca escolhe alguns como favoritos. Nunca proveria para as pessoas boas uma colheita melhor do que para as que se comportaram mal. Nunca mandaria chuvas benfazejas apenas para os bons, negando-as para os maus. Deus nunca define favoritos. Nunca se deve achar que Deus deixaria de salvar alguém da morte pelo fato de ter levado uma vida incorreta. Deus continua nutrindo aqueles que cometeram maus atos ou tiveram maus pensamentos ou disseram palavras incorretas.

Devemos pensar melhor na razão pela qual Deus nunca escolhe alguns como favoritos: não existe nenhuma pessoa sequer que seja completamente má. Ninguém é totalmente um malfeitor. Ninguém nem mesmo é um completo pecador. Quando as pessoas agem mal, por alguma razão estão agindo defensivamente ou por medo de serem magoadas. Nós também ficamos na defensiva, com medo de que as pessoas possam nos prejudicar; então passamos a criticá-las e desprezá-las, achando que esses comportamentos irão nos proteger. Mas isso não é algo que Deus aprovaria.

Portanto, se alguém agir com ódio em relação a você, responda com amor. Se alguém despejar raiva em cima de você, responda com um sorriso. Quando lhe dirigirem palavras ásperas, responda com o silêncio. É desse modo que devemos praticar o amor de Deus.

Ame, Não Importa a Situação

Gostaria que as pessoas soubessem que o amor não é relativo; é absoluto. É algo que devemos continuar dando, não importa a situação que estejamos enfrentando. Não será uma forma verdadeira de amor se nossa intenção mudar de acordo com a circunstância. O amor que damos conforme nossas preferências não é o verdadeiro amor. É importante manter uma atitude de doação contínua, ou seja, dar amor aos outros mesmo quando enfrentamos dificuldades. Qual seria o sentido de dizer belas palavras apenas quando estamos saudáveis e parar de fazer isso quando estamos doentes? O amor nunca deve depender das oscilações da nossa situação pessoal.

É fácil dar amor quando estamos felizes e abençoados por circunstâncias favoráveis, demonstrar simpatia pelos outros quando sabemos que somos excepcionais, oferecer consolo quando acreditamos que somos superiores, prover conforto aos pobres quando vivemos no luxo. Quando nossa vida é exuberante, não é difícil agir de modo caridoso e demonstrar boa vontade. Quando estamos felizes, saudáveis e abençoados por circunstâncias felizes, custa-nos pouco esforço dar apoio àqueles que estão na miséria, sofrendo de alguma doença ou vivendo em condições precárias.

O que importa é o que fazemos quando enfrentamos períodos conturbados. Nunca devemos achar que nossas circunstâncias atuais durarão para sempre, pois todos passam por bons e maus momentos. O que você faria se de repente ficasse na mais extrema pobreza? Em épocas de sofrimento, quanto amor você seria capaz de dar de volta para Deus? E a pobreza financeira não é o único tipo de pobreza que há no mundo. Muitos de nós podem sofrer também de pobreza espiritual – por exemplo, quando nossa mente fica exaurida devido a fracassos ou infortúnios. O que você escolheria fazer em tempos difíceis assim? Não custa muito tomar conta de doentes se estamos com saúde, mas quanto cuidado e atenção você seria capaz de oferecer se estivesse doente? Quanta consideração teria com os doentes se você mesmo não estivesse se sentindo bem? E quanta atenção seria capaz de dar a quem está feliz se você estivesse se sentindo deprimido?

Todos seremos testados quanto à nossa capacidade de dar amor em períodos de adversidade. Por exemplo, o que você acha que Deus aprecia mais: um donativo de uma vela feito por um homem que não tem um centavo ou uma doação de 10 mil ou mesmo 100 milhões de velas feita por um milionário? Acredito que Deus sente mais alegria quando são realizados grandes sacrifícios em vez de pequenos esforços. As pessoas que são prósperas devem procurar fazer grandes contribuições à sociedade; as que têm recursos escassos devem doar o que for possível. Houve um tempo em que as igrejas coletavam o dízimo, e tanto os ricos quanto os pobres doavam um décimo dos seus ganhos a Deus. Isso estimulava os cristãos a praticarem essa forma de retribuição pelas bênçãos que Deus vinha lhes proporcionando. Essa é uma boa comparação para que você compreenda o espírito fundamental do amor.

A vida é uma sucessão de ondas grandes e pequenas. Não importa se estamos em uma onda tranquila ou tentando desesperadamente manter o equilíbrio em uma onda traiçoeira, devemos sempre continuar doando. Não é difícil sorrir quando recebemos um elogio sincero. Mas é difícil manter o sorriso quando alguém nos trata com hostilidade. Apesar disso, temos o dever de fazer um esforço para continuar sorrindo. Não importa o que estejamos enfrentando, nunca devemos parar de amar. Nunca devemos abandonar o amor. Em última instância, a continuidade é um elemento fundamental do amor. É parte essencial do amor que continue sendo doado. O amor é como uma corda de segurança presa à cintura dos companheiros que escalam uma montanha. Da mesma forma que os alpinistas nunca soltam a corda um do outro, nunca devemos soltar a corda do amor.

Afinal, onde está o mérito de amar aqueles que nos amam? Até mesmo cachorros e cervos são capazes de amar seus pais e aqueles que cuidam deles. Os cachorros e os cervos amam seus filhotes que buscam os seus cuidados. Mesmo os animais não têm dificuldade em dar amor àqueles que os amam. Mas as pessoas podem almejar coisas mais elevadas. Para o bem de nossa própria disciplina espiritual, devemos buscar dar amor àquelas pessoas que a maioria não escolhe amar.

Algumas das pessoas que conhecemos irão cometer erros e abandonar o caminho das Verdades de Deus. Nunca devemos julgá-las e rotulá-las como pecadoras por terem cometido esse erro. Nunca devemos acreditar que elas merecem se perder, pois o verdadeiro amor nunca abandona ninguém. Como eu disse há tempos, o dever do pastor é procurar a ovelha perdida no vale, mesmo que isso signifique correr o risco de deixar para trás as outras 99 ovelhas do seu rebanho. É desse modo que Deus nos ama. O amor de Deus nunca desiste de ninguém, e assim também nós devemos ser.

O amor de Deus é como o amor de um pai ou de uma mãe por um filho. Os pais nunca deixam de amar seus filhos porque eles se comportaram mal, para só voltar a amá-los quando passam a se comportar bem de novo. Na verdade, quanto mais um filho se comporta mal, mais seus pais ficam preocupados, mais lhe dão atenção e cuidados, oferecendo ajuda e apoio. E fazem isso por que gostam de seus filhos.

É assim que Deus se sente em relação a todas as pessoas. Todos são filhos de Deus. E como todos são filhos de Deus, devemos valorizar aqueles que obedecem a Deus. Mas são aqueles que não O seguem os que mais precisam de nosso cuidado e atenção. É fácil amar os puros e inocentes, mas devemos também amar aqueles que se perderam e cometeram erros.

O Amor Une a Todos, mesmo com Imperfeições

A meta do amor é que todos se deem as mãos e nunca mais soltem. A meta do amor é amarrar uma corda de segurança em volta de cada pessoa, ajudando-lhe a caminhar junto e seguir adiante. Nunca devemos cortar a corda de ninguém que esteja escalando conosco a fim de nos salvarmos. A meta do amor é levar todas as almas até o alto da montanha, não importa o quanto a subida se torne dolorosa e difícil. É preciso continuar a escalada e continuar a se apoiar um ao outro. Esta é a essência e a meta do amor.

O amor nunca abandona ninguém. O amor nunca para de tentar ajudar cada um a crescer e a dar as mãos aos outros. Uma pessoa amorosa nunca isola as outras pessoas, nem cria um círculo exclusivo de amigos. Afinal, qual é o objetivo de se criar harmonia entre aqueles que já são amigos? Em vez disso, devemos ter como meta unir todos os diferentes tipos de pessoas. Uma pessoa que ama nunca quer ser a única a estar feliz.

Amar significa rezar sempre para que todos tenham uma felicidade maior. Amar é saber que você e eu somos parte do mesmo todo. Você e eu não somos estranhos, somos parte um do outro. Essa compreensão é o alicerce do amor.

Se temos inimigos, com frequência a razão é que eles simplesmente não compreenderam que somos todos irmãos e irmãs. E por maior esforço que façamos para ajudá-los a compreender essa verdade, nunca será fácil para eles aceitá-la. Mas isso não deve mudar nossa maneira de amá-los. Não é verdadeiro o amor que critica aqueles que pensam ser seus inimigos, expondo a ignorância deles, tentando provar sua inferioridade. O verdadeiro amor espera pacientemente que os outros despertem para a Verdade. É por esse amor imenso que devemos procurar viver. Portanto, nunca ceda à raiva ou ao desânimo se alguém se recusar a receber a ajuda que você ofereceu. Apenas lembre-se de que essa pessoa que você está tentando ajudar ainda não sabe que vocês são irmãos ou irmãs – um amigo que veio para ajudar.

O amor verdadeiro não tem inimigos, pois amar significa orar sempre pelo crescimento de cada uma das pessoas. Quando enxergamos alguém como inimigo, devemos refletir por que o nosso amor está fraco. Se alguma vez fizemos alguém ficar com raiva, devemos refletir se nossas palavras não foram prejudiciais ou venenosas, ou se em algum lugar em nosso coração desejávamos a infelicidade do outro. Se descobrirmos algum desses erros dentro de nós, devemos orar pedindo que Deus nos perdoe.

É difícil criticar alguém que possui um coração extremamente bondoso. É impossível que as pessoas consigam falar coisas negativas de alguém que sempre tenta ajudá-las, independentemente das circunstâncias. Por outro lado, as pessoas tendem a criticar aqueles que as criticam. O mal atrai o mal. Demônios invocam outros demônios. Se um grande demônio surge como nosso inimigo, precisamos compreender isso como um sinal de que no nosso coração deveria haver um grande mal que acabou atraindo esse inimigo. Não são apenas nossos inimigos que devem praticar a reflexão; nós também precisamos.

Não é correto apontar os defeitos das outras pessoas, sobretudo quando há a intenção de criticá-las. Ao contrário, devemos nos esforçar para nutrir os outros, causando-lhes o mínimo de dor possível. Se alguém em quem você confia o criticasse, você conseguiria responder com gratidão? Pode ser que você seja forte o suficiente para agradecer-lhe por isso, mas lá no fundo do seu coração, talvez a mágoa e a frustração que você sentiria fossem maiores do que sua gratidão. Quanto mais você respeitar essa pessoa, mais magoado ficaria. Então, que tal aspirar se tornar um amigo que nunca critica? Por que não tentar ser um amigo que nunca fala coisas negativas a respeito dos outros? Esse deveria ser o jeito correto de viver.

Ninguém é perfeito. Se ficarmos criticando nossos pares por suas fraquezas e eles nos criticando por nossas imperfeições, onde conseguiremos encontrar amor? Assim, nunca seremos capazes de criar um mundo ideal. Portanto, quando alguém nos criticar, essa é a melhor hora para pensar nas boas qualidades dessa pessoa. Será uma oportunidade maravilhosa de descobrir algo bonito nela.

Amor e Perdão

Feche os olhos, acalme seu coração e pergunte a si mesmo quantas pessoas você perdoou ao longo da vida. A maioria dos indivíduos deve ter perdoado menos de dez pessoas. Agora feche os olhos de novo e pergunte-se quantas pessoas você magoou durante sua vida. Quantas foram aquelas às quais você trouxe algum tipo de perturbação emocional ou financeira? A maioria certamente contará muito mais de dez.

Faça uma comparação entre o número de pessoas que você magoou e que perdoou na vida, perguntando a si mesmo se pode dizer com sinceridade que tem sido uma boa pessoa. Se tiver magoado menos de dez pessoas, talvez seja justo dizer que você não tem que perdoar mais de dez. A maioria irá perceber que nunca perdoou ninguém antes, mas que magoou muita gente. Muitos também irão constatar que é a primeira vez que percebem isso. É assim que a maioria de nós segue pela vida afora.

É da natureza humana exagerar as imperfeições das outras pessoas e minimizar os próprios defeitos. Sentimos muita dificuldade em perdoar os outros pelos seus erros, mas é muito fácil perdoar a nós mesmos quando fazemos as mesmas coisas. Precisamos despertar para o fato de que nós temos imperfeições, da mesma maneira que os outros.

Procure se lembrar de alguma situação em que um amigo o ofendeu, mas sem ter consciência disso. Talvez você o tenha considerado insensível, mas na verdade é provável que você já tenha cometido esse mesmo tipo de erro alguma vez na vida. Cada um de nós deveria fazer calmamente uma reflexão sobre as décadas que viveu até aqui, e pensar na quantidade de vezes que pode ter magoado os sentimentos de alguém. Você alguma vez foi desleal ou traiu a confiança daqueles que se preocupam com você – seu pai, sua mãe, irmãos, irmãs, amigos, professores e colegas? Tente lembrar todas as vezes que você magoou seus amigos e membros da família. É provável que se recorde de inúmeras situações e perceba que tem vivido de uma maneira pecaminosa.

Agora que você relembrou esses momentos, proponha a si mesmo perdoar mais pessoas do que as que tiver magoado. Peça desculpas às pessoas que magoou, e se não tiver como se desculpar com elas pessoalmente, peça dentro do seu cora-

ção que elas o perdoem. Se esse pedido de perdão parecer não funcionar, então volte-se para Deus e peça o perdão divino. Deus com toda certeza irá perdoá-lo por seus erros.

Não há ninguém que nunca tenha cometido algum pecado, que nunca tenha magoado outra pessoa. Há muito tempo, eu disse: "Quem dentre vós não tiver pecado, que atire a primeira pedra" (João 8:7). Apenas aqueles de vocês que nunca magoaram alguém têm o direito de chamar outra pessoa de pecadora. Apenas aqueles que nunca sentiram o mal dentro do seu coração têm o direito de chamar outra pessoa de má. Apenas aqueles que nunca fizeram nada de vergonhoso podem chamar a atenção dos outros por suas ações. Não temos o direito de criticar os demais.

A origem da nossa capacidade de perdoar é claramente o autoconhecimento. Quando fazemos uma reflexão profunda a respeito das nossas ações, percebemos que não temos o direito de criticar os outros. E quando praticamos o perdão, perdoamos não somente os outros, mas também a nós mesmos e pedindo o perdão de Deus.

Quantos você acha que conseguiram perdoar mais de uma centena de pessoas? São muito poucos os que conseguiram ter essa força. Agora, imagine quantas pessoas Deus tem perdoado. Se a população do mundo é de 7 bilhões, então Deus perdoou todos esses 7 bilhões. Isso nos permite ver que a mente de Deus é imensamente superior a qualquer mente humana. Não importa o quanto nos achemos excepcionais, nenhum de nós nunca será capaz de se igualar ao perdão de Deus.

Deus deseja salvar a todos. Ele manda muitos de Seus filhos à Terra para ajudar a guiar o mundo na direção da salvação. Mas, apesar de todos os esforços que Deus faz para salvar as pessoas, muitas delas não compreendem Seu amor.

Não importa o quanto Deus tenha paciência de esperar que as pessoas segurem a corda de salvamento que Ele lhes oferece, elas continuam a interpretá-Lo incorretamente e a suspeitar que Deus esteja tentando roubar-lhes a liberdade. Interpretam mal, achando que Deus está tentando limitar e controlar a vida delas. Precisamos ajudar as pessoas que O estão interpretando erroneamente e acreditar que algum dia irão acordar. Nunca devemos julgá-las por terem caído sob a influência de maus espíritos. Precisamos continuar a orar por elas, não importa o que lhes aconteça.

"Amai aos vossos inimigos, e orai por aqueles que vos perseguem" (Mateus, 5:44) é uma pérola de sabedoria que deve orientar nossa vida. Mais precisamente, devemos amar aqueles que parecem ser nossos inimigos e orar por aqueles que parecem estar nos perseguindo. Os inimigos não existem verdadeiramente; eles apenas estão sofrendo por causa de um mal-entendido.

Por isso, continue dando amor e orando de todo o coração por aqueles que o perseguem, pois "Eu" garanto que sua sinceridade irá chegar até eles algum dia. Espere pacientemente que eles mudem. Não se trata de uma negociação. Nunca espere receber algo em troca. Faça como Deus, que dá ilimitadamente. O nosso dever é dar e continuar dando.

A Fonte do Amor

Qual é a fonte do amor? Por que é importante para nós contemplar o amor? Por que dediquei minha vida para ensinar sobre o amor? É porque o objetivo da nossa vida é descobrir quem somos. Em nossa jornada, procuramos o amor, e, por fim, descobrimos que ele está dentro de nós, que é o objetivo da nossa vida.

O amor é a meta da nossa vida porque o amor é Deus. E se Deus é amor, também estamos traindo a nós mesmos quando nossas ações transgridem o amor. Precisamos ser honestos conosco e despertar para o amor dentro de nós. Mesmo que ninguém corresponda ao amor que damos, nunca devemos ficar com raiva, reclamar ou alimentar ressentimentos. Ao contrário, devemos considerar isso um sinal de que precisamos tornar nosso amor ainda maior.

O amor dentro de nós é como uma fonte que nunca para de jorrar, não importa quanta água se tire dela. O amor não fica calculando de quantas pessoas ele conseguiu saciar a sede. Olhe para seu interior e visualize o amor fluindo como uma fonte. Faça com que essa nascente dentro de você seja uma fonte infinita, que nunca irá parar de jorrar.

Desde os tempos antigos, as fontes sempre forneceram a tão valiosa água para os viajantes. Mesmo as terras quentes do deserto sempre têm oásis que fornecem água, e nunca cobraram um tostão pela água nem pararam de doar. Devemos ser como esses oásis. Se você continuar a cavar um poço profundo, uma nascente profunda em seu coração, o amor nunca irá secar, não importa quantas pessoas venham beber da sua água.

Nunca devemos dizer a alguém que não pode beber da água do nosso poço. Em vez disso, devemos cavar mais fundo e tornar nosso poço grande o suficiente para saciar a sede de quem quer que seja. Devemos cavar nosso poço cada vez mais fundo ao longo da vida, para nos tornarmos como a nascente, que mantém a água jorrando de forma abundante.

O amor é a vida de Deus, e a vida de Deus é uma fonte de água cristalina que nunca para de jorrar, não importa o quanto se tire dela. Deus é a fonte do nosso amor, e o amor de Deus é como um poço imenso, infinito. Quando cavamos mais fundo o nosso poço, acabamos descobrindo um imenso canal de água correndo na parte mais profunda, ligada à vasta rede de outros canais subterrâneos de água.

Cabe a cada um de nós continuar a cavar até alcançar esses canais. A corrente subterrânea pode estar a trinta metros de profundidade, e muitos vão parar nos 29 metros, sem saber que o rio subterrâneo está apenas um metro mais abaixo. Muitos também irão parar nos cinco metros, porque já estarão satisfeitos com o pequeno jorro de água encontrado nos níveis superficiais. Mas se continuar cavando, o máximo possível, você acabará alcançando aquele veio mais profundo da nascente de água, e poderá experimentar o espírito extraordinário de Deus. Nesse nível mais profundo, sentirá a energia e o poder ilimitados de Deus.

Portanto, devemos nos lamentar por ter pouco amor dentro de nós, por ter cavado muito pouco nosso poço e tê-lo deixado tão raso. Se nosso poço fosse tão profundo que transbordasse sempre de amor, então não haveria conflito, não importa quantas pessoas viessem usá-lo. É só porque nosso poço não é fundo o suficiente que não temos sido capazes de saciar a sede de todos.

A Ressurreição do Amor

Esta mensagem espiritual que agora transmito a você rompe meus 2 mil anos de silêncio. Nesses 2 mil anos, orientei líderes religiosos enquanto observava lá do Céu. Mas nunca em toda a história falei diretamente a alguém que estivesse vivo na Terra. Espero que as pessoas na Terra hoje possam entender a importância dessa ressurreição e que se regozijem com esse milagre.

Sei que muitos enfrentarão um forte ceticismo. É irônico, mas os cristãos serão os primeiros a ficar céticos em relação à minha ressurreição. No entanto, não importa se eles acreditam ou não, minha mensagem a todos os cristãos e não cristãos é a mesma: Deus não abandonou os seres humanos. Deus jamais irá abandoná-los. Deus nunca irá deixá-los órfãos.

Por favor, saiba que as mãos de Deus estão sempre trabalhando em algum lugar deste mundo e que Seu imenso poder está operando à nossa volta. O amor de Deus está direta e indiretamente projetando seu brilho no mundo, de diversas maneiras, ao longo das eras. Ele tem enviado muitos homens e mulheres à Terra para difundir Seus ensinamentos, promover as artes, propagar a literatura e disseminar a filosofia. Todas essas têm sido formas pelas quais o sopro de Deus insufla vida no mundo. Se você acredita que Deus derramou Seus milagres sobre nós no passado, então acredite que continua a fazer isso hoje.

Ouço com frequência que muitas pessoas hoje não acreditam na existência de espíritos e do mundo espiritual. Mesmo pessoas religiosas, que aceitam a existência do mundo espiritual, podem não acreditar que grandes figuras do Céu são capazes de enviar mensagens espirituais a pessoas na Terra.

Portanto, minha pergunta é esta: O que você prefere? Você apostaria suas esperanças na Salvação de Deus ou escolheria viver sem esperança de salvação? Se não precisa dessa esperança de ser salvo por Deus, então siga adiante à sua maneira. Mas se realmente quer a salvação de Deus, terá que mudar de atitude. Ao longo da história, em cada era, Deus vem operando milagres. Ele tem estendido Suas mãos para dar salvação em todas as eras. Portanto, acredite que a Sua mão ainda está operando no presente. Existe uma razão pela qual me dirijo agora por meio dessa mensagem espiritual, e é importante que o maior número possível de pessoas compreenda essa razão.

Acreditar ou não é uma escolha pessoal, mas a diferença entre as duas é o mesmo que viver com uma profunda paz mental ou sem ela. O que você acha que lhe dará maior felicidade: acreditar que Deus está estendendo sua mão de salvação a você neste exato momento, ou negá-Lo? Que benefício você terá ao negar a ajuda de Deus? Existe algum ganho no fato de negá-Lo? Negar a mão de Deus é negar a ajuda divina no caminho que precisamos seguir até Ele, e é também negar sua proteção das tentações do materialismo. Não fique descrente de tudo só porque encontra razões para duvidar. Reveja tudo mais uma vez, com olhar renovado, e procure pela Verdade que talvez você não tenha percebido antes.

Você realmente acredita que eu não ressuscitaria nesta era de confusão e crise? Estou de novo com você neste exato momento porque aprecio e amo muito a todos os seres humanos. Estou com você agora, não como um ser físico, mas como vida, por meio das palavras que essa voz ressoa. Ressuscitei como amor – e esta mensagem é a ressurreição do meu amor. Venho agora não como um ser humano frágil, mas como uma profunda fonte de vida que nunca irá secar, não importa o quanto eu ofereça dela. Vim como uma nascente de amor, uma nascente de palavras. Se você acreditar nessa ressurreição, receberá uma tremenda dose de coragem. E confiará que está vivendo numa era de glória.

Assim como estou transmitindo esta mensagem espiritual aos meus seguidores na Terra, outros espíritos também farão o mesmo a seus seguidores. E assim como os cristãos podem não acreditar que esta mensagem vem de mim, os seguidores de outras religiões também podem ficar incrédulos em relação às mensagens espirituais que seus fundadores lhes enviam.

Mas, se pensarmos na natureza de Deus e no que Ele faria, compreenderemos que Deus nunca manteria seu silêncio para sempre. Deus sempre encontra maneiras de ajudar Seu povo. Portanto, você precisa considerar que estas mensagens espirituais podem ser obra das mãos de Deus, manifestações do amor divino que chegam até você.

Jesus Cristo não era um homem fraco que morreu em uma cruz há 2 mil anos. Não, ele continua existindo hoje e tem trabalhado incansavelmente ao longo desse tempo para dar orientação às pessoas a partir de sua morada no Mundo Celestial. Não descansei um só dia da dedicação em cumprir minha missão. Nunca parei de trabalhar; nunca descansei. Tenho trabalhado dia e noite para tornar a vida de todos mais feliz e preenchê-la com mais amor. Por favor, saiba e acredite que estive guiando os seres humanos para ajudá-los a encontrar uma fé mais profunda.

Neste exato momento, resido na nona dimensão e tomei as rédeas para iniciar um movimento de difusão da Verdade. Existe uma razão para isso: estou encarregado de purificar a Terra e prover salvação. Sou o espírito guia a quem foi confiada essa responsabilidade. Esta minha ressurreição é a marca do início de um grande movimento de salvação. Não interprete erroneamente o propósito deste grande movimento de salvação. Não se dê ao trabalho de excluir ou criticar pessoas de religiões diferentes. Simplesmente creia no poder da profunda salvação de Deus. Não permita que seu orgulho tolo e seu ego turvem sua capacidade de julgamento. Acredite que Jesus Cristo não irá ficar em silêncio nessa era de caos.

Muitas de minhas ovelhas encarnaram na Terra para ajudar a construir a nova era que se aproxima; elas encontrarão o caminho de volta para casa. Portanto, minhas queridas ovelhas, ao ouvirem a minha voz, procurem-me e reencontrem seu caminho direto até mim. Quanto mais vocês buscarem, mas eu lhes darei. Peçam mais de mim, porque estou aqui para continuar suprindo vocês com meu amor. Procurem meu amor como um bebê procura pelo leite da mãe. Procurem em mim o poder da vida. Não procurem nos outros. Procurem isso apenas em mim.

Minhas amadas ovelhas, voltem para mim. Irei acolhê-las, cuidar de vocês, curá-las de sua fadiga, e amá-las de todo meu coração. Irei perdoá-las e abraçá-las. Voltem para mim, seu pastor, pois o sol começou a se pôr. Quando o sol começar a se pôr, ouçam o chamado do pastor, sua corneta, e seu sino, e encontrem o caminho de volta para mim. Vocês devem estar lembradas da minha voz familiar. Sigam essa voz e retornem para mim, pois conduzirei vocês ao topo da montanha. Tragam meu povo até mim. Devolvam as ovelhas ao seu pastor, pois seu pastor voltou para elas.

2

Minha Missão de Fé

Humildade

A vontade de meu Pai Celestial é tão profunda que muitas vezes desafia meu entendimento. Quando vivi na Terra, a Sua vontade estava muito além da minha compreensão. Eu sabia que era um de Seus servidores e que Ele havia me confiado uma missão, mas não conseguia enxergar a extensão do meu papel. Olhando pela perspectiva do mundo terreno, a maioria de Suas mensagens teriam sido vistas como totalmente ilógicas, mas eu não estava em posição de perguntar-Lhe por que as coisas tinham de ser daquele jeito. É por isso que os cristãos desenvolveram bem a virtude da obediência.

Deus pede obediência não porque queira criar algo semelhante a um exército, mas porque Sua mente está além da compreensão humana. Quando vivemos em um corpo físico, nossa consciência fica restrita aos limites de nosso corpo carnal, portanto muitos de nós, mesmo aqueles que vêm originalmente de lugares elevados do Mundo Celestial, tornam-se vulneráveis às dúvidas e criticam as questões mais simples.

A obediência é muito valiosa, sobretudo para os que creem, porque as intenções de Deus são tão profundas que se tornam quase impossíveis de acreditar e compreender, não importa o quanto nos empenhemos em explicá-las. Seriam necessários 2 mil anos para compreendermos por completo o propósito de algumas das coisas que Ele ordena. Seríamos muito afortunados se pudéssemos entender as intenções de Deus em questão de décadas ou mesmo de séculos. Eu teria me sentido infinitamente grato se pudesse, em vida, ter compreendido com clareza as intenções da minha missão. Mas isso também significaria que a minha missão era pequena e relativamente fácil.

É por isso que não devemos fazer julgamentos do tipo bom ou ruim, verdadeiro ou falso, com base no fato de compreendermos alguma coisa bem ou com facilidade. É muito desafiador manter uma perspectiva espiritual o tempo todo. Para que nos lembremos de pensar de um ponto de vista espiritual, Deus sempre nos coloca provações, que testam se somos realmente confiáveis em termos dos valores terrenos. Os paradoxos de Deus, como muitos koans do zen-budismo, são algumas das maneiras pelas quais Ele nos ensina a almejar além do sucesso mundano e tentar ir além dos caminhos fáceis ao longo da vida.

O Pai Celestial

A doutrina da Santíssima Trindade foi desenvolvida por teólogos que não entendiam bem o mundo espiritual e não sabiam a diferença entre Deus e Seus servidores. Eles consideravam todos os espíritos divinos, inclusive Deus, como iguais. Como a maioria das pessoas não achava importante conhecer detalhes sobre os segredos do Mundo Celestial, estes só foram revelados em raras ocasiões.

Portanto, não devemos confiar nos debates de teólogos profissionais que não possuam capacidades espirituais. Como eles não conseguiram ver a Santíssima Trindade com os próprios olhos, suas teorias se tornam meras ideias formuladas na mente.

Mas há coisas verdadeiras: a Bíblia, por exemplo, descreve claramente minhas palavras, quando digo que meu Pai

Celestial enviou-me à Terra. Fui a primeira pessoa na história a chamar Deus de "meu Pai Celestial" e o cristianismo é conhecido hoje por ter sido a primeira religião a introduzir a crença de que Deus é o nosso Pai que reside no Mundo Celestial. E como o Pai Celestial era o único Deus do mundo cristão, o fato de eu chamá-Lo de "Pai do Céu" significava que me sentava à direita de Deus.

Como se sabe, muito antes da minha época a Bíblia Hebraica já ensinava sobre a existência de hostes de anjos que ajudam os indivíduos deste mundo. Assim como se pode perceber nas pinturas de anjos, retratados com auréolas e asas, os cristãos continuaram com essa crença. No entanto, o número real de anjos é muito maior do que os meus seguidores jamais poderiam imaginar, e a extensão do mundo dos anjos é tão grande que ultrapassa a compreensão humana.

A verdade é que sempre houve e sempre haverá muitos anjos ativos que vão além das fronteiras do mundo cristão. Os cristãos utilizaram auréolas em suas pinturas para indicar que aquelas figuras representadas eram anjos, e dotaram-nas de asas para simbolizar o fato de que os anjos ajudam as almas na Terra e que no Inferno "voam" – isto é, ascendem – para o Céu. Esses símbolos têm apenas o objetivo de facilitar a compreensão das pessoas e mostrar que os seres divinos existem, mas não devemos achar que são exatamente assim. É por isso que os budistas não representam os anjos da mesma maneira.

Para a maioria das pessoas não é importante compreender em profundidade a relação que existe entre o Pai Celestial e eu, ou as posições representadas pelo Espírito Santo, pelos anjos e por mim. Sou apenas uma das muitas chaves do Pai Celestial para ajudar as pessoas a abrir as portas do Mundo Celestial. O Pai Celestial tem muitas formas de guiar as pes-

soas; Ele segura muitas chaves do Céu em Suas mãos e deu a diversos anjos a tarefa de manter chaves adicionais.

Por meio de Seus anjos, Deus criou várias religiões diferentes, e considero arrogância da Igreja Cristã pregar que não existe outra maneira de entrar no Céu exceto por meio de Cristo. O cristianismo não é a única religião que possui anjos atuando. É mais importante que todos saibam que diversos seres divinos, equivalentes aos anjos cristãos, estão atuando nas muitas religiões estabelecidas por Deus.

Além disso, tenho certeza de que você gostaria de saber mais a respeito do ser que eu chamo de Pai Celestial e sobre como foi que O vivenciei ao longo da vida. Enquanto estive vivo, consegui ver formas espirituais de profetas do passado, como Moisés e Elias, mas nem mesmo eu fui capaz de ver a imagem de meu Pai Celestial, ou de compreender totalmente quem Ele era. Eu só era capaz de ouvir Sua voz. Portanto, você pode imaginar como é difícil para os humanos deste mundo conseguir perceber claramente quem é de fato nosso Pai Celestial.

Eu descreveria nosso Pai Celestial como Verdade. Verdade é Seu outro nome. As mãos da Verdade estão sempre atuando sobre as criaturas vivas deste mundo; mesmo assim, só podemos ter no máximo um vislumbre dessa Verdade por símbolos e outros meios indiretos. É muito difícil termos uma experiência direta do Pai Celestial – ver, ouvir e compreendê-Lo. Mas podemos experimentá-Lo por meio da Verdade.

Agora estou no Mundo Celestial, mas ainda assim é muito difícil fornecer uma boa descrição de Deus em termos terrenos, humanos ou simbólicos. De qualquer modo, gostaria de dar a perspectiva que tenho do Pai Celestial a partir daqui, do Mundo Celestial. Minha percepção é de que o Pai Celestial é muito parecido com o deus hindu representado por múl-

tiplos braços. Aqueles numerosos braços simbolizam a salvação de Deus. Ele precisa de muitos braços para salvar pessoas de diferentes países e raças, e eu sou apenas um desses braços. Embora os próprios braços saibam que são parte do corpo de Deus, eles nunca conseguem ver a forma completa do corpo ao qual estão ligados. Portanto, o que posso dizer é o seguinte: Deus é a Verdade, e a Verdade pode mudar a si mesma e assumir diferentes formas para levar incontáveis almas à salvação.

Gratidão a Deus

Deus não está em busca de gratidão ou glorificação. Foi ideia dos sacerdotes que as pessoas deveriam louvar e agradecer a Ele. Esse mundo terreno é imperfeito, cheio de pessoas infelizes, que perderiam a esperança se insistíssemos que essa é a única verdade deste mundo. Ao lhes ensinar sobre um mundo perfeito e a existência de uma felicidade perfeita, podemos ajudá-las a encontrar forças para perseverar em meio ao sofrimento e à adversidade. É pelo fato de as pessoas precisarem de força para seguir adiante em tempos de dificuldade que reverenciamos Deus como um ser perfeito.

Em outras palavras, o que Deus quer de nós não é gratidão ou glória. Ele quer encontrar maneiras de ajudar as pessoas a enfrentar e vencer as dificuldades; quer que ensinemos a elas que há um mundo esperando por nós na vida pós-morte.

Portanto, será que há algum mérito em louvar e agradecer a Deus? Isso dependerá do nível de consciência que sustenta o nosso ato de louvar e agradecer. Nossa fé será muito imatura se a gratidão e glória que dirigimos a Deus for apenas para tentar obter o perdão divino para os nossos pecados. Se tivermos feito algo errado, então teremos de colher os frutos dessas sementes enquanto ainda estivermos vivos. Precisamos refletir, nos arrepender e devolver o que pegamos emprestado. Temos de pedir a Deus que perdoe nossas fraquezas e nos dê forças. Mas devemos lembrar que, se o simples fato de oferecer a Deus gratidão e glorificação tivesse o poder de anular ou esconder nossos pecados, então o Inferno já teria desaparecido há muito tempo.

Fé e Milagres

A fé é uma condição necessária para a criação de milagres, porque todos os seres vivos têm um contrato com Deus. O Criador é livre para decidir se vai preservar ou não qualquer coisa neste mundo e decidir se vai curar ou não uma doença. Mas poderíamos cair nas garras do Diabo se interpretássemos mal esse contrato e tornássemos Deus responsável por tudo o que acontece. É perigoso pensar no nosso acordo com Deus como um contrato de negócios.

Algumas ramificações do cristianismo ensinam que nossos pensamentos têm o poder de criar realidades materiais. Há verdade nesse ensinamento, mas também é verdade que muitos dos nossos desejos não se materializam. Há momentos em que a fé em Deus irá realizar milagres, mas Deus não faz milagres em troca da fé, como se fosse um sócio cumprindo os termos de um contrato terreno.

Deus nem sempre nos dá o que desejamos, porque o propósito deste mundo é ser um lugar onde nossa alma possa aprender e evoluir. Se deixarmos que nossa fé dependa somente da salvação de Deus, corremos o risco de cair na armadilha de acreditar que Ele é responsável por tudo. Não é Deus, somos nós que temos de assumir a responsabilidade pelas sementes que plantamos no passado. Cabe a nós co-

lhermos os frutos que nasceram das nossas sementes; ou seja, os milagres não irão colher esses frutos por nós, nem produzir uma colheita diferente. Como se costuma dizer, você colhe o que planta.

Às vezes, os milagres desafiam essa lei espiritual e fazem com que coisas imprevistas ocorram. Mas, mesmo nesses casos, muitos dos cristãos de hoje são tão incrédulos que infelizmente não conseguem acreditar nos milagres que surgem à sua volta. Até mesmo nos casos de cura de doentes providos por Santa Maria na fonte de Lourdes, os hospitais se recusam terminantemente a endossar a confirmação de que essas doenças foram de fato curadas. Não consigo conter minhas lágrimas de tão chocado que fico ao ver os efeitos tão fortes do materialismo.

Mas, quando a mente de inúmeras pessoas corre para um extremo, a autorreflexão se torna inevitável. Enfim, surgirá uma era baseada na espiritualidade à medida que mais e mais pessoas praticarem reflexão e se voltarem para uma vida espiritualizada. Muitos dos indivíduos de hoje sobreviveram a um século de materialismo e guerras, mas agora vemos iniciar-se uma era completamente diferente.

Minha Missão na Terra

O Pecado Original

O conceito de que somos filhos do pecado existia no judaísmo antes da minha época. A ideia do pecado original vem do Livro do Gênesis, ou Bíblia Hebraica. O Livro do Gênesis descreve Deus criando o Céu e a Terra e separando um do outro. Depois, foram criados a humanidade, os animais e as plantas. No Jardim do Éden, porém, Eva obteve a consciência do bem e do mal ao comer a maçã da Árvore do Conhecimento. Para punir Adão e Eva por sua desobediência, Deus lhes deu sofrimento, trabalho e a dor do parto.

Mais tarde, mil anos antes do meu nascimento, um profeta previu que um Messias seria enviado à Terra. O profeta disse que o Messias seria sacrificado e ascenderia aos Céus. Pode ser verdade que meu nascimento fosse para cumprir essa profecia, mas não nasci para expiar os pecados da humanidade.

A verdade é que o conceito de pecado original se desenvolveu ao longo da história cristã. Não era meu objetivo morrer na cruz para purificar os pecados da humanidade. Deus me passou minha missão e me ordenou a entrar em Jerusalém, e as profecias previam que meu destino era morrer ali. Eu sabia que precisava aceitar meu destino, como Deus ordenara. Mesmo assim, meu coração estava muito triste por eu ter que morrer e deixar esse mundo antes que mais pessoas tivessem a oportunidade de acreditar em meus ensinamentos. Quando eu carregava a cruz morro acima, e enquanto estive dependurado nela, meu coração ficou cheio de pesar por eu ter que deixar boa parte da minha missão inacabada. Mas confiei na vontade de Deus e agi de acordo com as inspirações que recebia. Estava apenas cumprindo as ordens de Deus.

Os judeus e os soldados romanos me julgaram e condenaram, e fui crucificado no Gólgota entre outros criminosos. Foi assim que a vida de Jesus encarnado terminou. Talvez você já conheça pela Bíblia os incontáveis milagres que realizei. Assim, ao contemplar minha morte, nem mesmo eu consegui entender por que uma morte humana como aquela me havia sido ordenada, e tampouco compreendia o sentido daquela morte. Curei muita gente e difundi minha mensagem a inúmeras pessoas com minhas pregações. Mas, em vez de acreditar em mim, a maioria ficou do lado dos homens que me julgaram e condenaram. Até meus discípulos me abando-

naram. Minha ordem religiosa foi destruída enquanto eu enfrentava a morte, e fiquei imaginando se o desígnio de Deus iria realmente se cumprir.

Nunca foi minha intenção morrer na cruz para expiar os pecados da humanidade. Após minha morte, a cruz se tornou um símbolo do cristianismo. Isso contribuiu para a difusão da fé cristã, e por meio do trabalho missionário essa fé ajudou a salvar muitas pessoas. A doutrina do pecado original não veio de mim, foi criada por meus discípulos, que queriam divulgar a ideia de que Jesus não morrera em vão.

Hoje, 2 mil anos após minha morte, há 2 bilhões de cristãos na Terra, pessoas que encontraram a fé como resultado desse único grão de trigo que sacrificou sua vida. Teria sido impossível difundir a fé cristã a tanta gente durante meu tempo de vida. A população mundial ainda não havia chegado a esse número. Fico admirado ao ver o quão amplamente esse único grão de trigo se espalhou.

O Significado da Cruz

Para os cristãos, deve ter sido muito duro adorar minha imagem, o corpo pregado em uma cruz, com uma coroa de espinhos, pois essa imagem representa o sangue que derramei. É doloroso acreditar que o único filho de Deus, que é o seu Senhor, morreu em uma cruz com uma coroa de espinhos na cabeça, com o sangue escorrendo pelo rosto, as pernas quebradas e pregos cravados no corpo. Qualquer um que veja essa imagem pode ficar imaginando por que alguém que acreditava nas palavras de Deus precisou ter um fim tão trágico. Se eu não tivesse acreditado nas palavras de Deus, o fim da minha vida teria sido diferente. Mas escolhi crer, e por causa disso enfrentei uma morte cruel.

Aqueles que contemplam a imagem da minha crucifixão devem sentir, por comparação, o quanto sua fé é fraca. E talvez isso faça com que se inspirem e se arrependam, aprofundando sua humildade. Contemplar essa imagem permite compreender que, embora Deus seja o Pai de nossa alma, e embora nossa alma, como criação de Deus, seja preciosa, não somos mais importantes do que um simples grão de trigo. Algumas filosofias ensinam que podemos nos tornar deuses, mas não devemos fazer uma interpretação equivocada desse ensinamento. É verdade que alguns indivíduos estão muito próximos de Deus e podem algum dia alcançar um status *divino, mas não é esse o caso da maioria.*

A mensagem da minha crucifixão é que o sacrifício de um único grão de trigo pode levar bilhões de pessoas à salvação. Foi também a maneira que encontrei de perguntar se você pode amar Deus tão intensamente quanto eu O amei. É muito triste que hoje em dia a cruz tenha se tornado um símbolo vazio, que representa apenas um evento histórico.

É difícil para as pessoas serem fortes. É difícil ter um coração forte. Somos presas fáceis das tentações do lucro e do prazer. Perdemos de vista as coisas mais importantes e acabamos trocando-as pelo dinheiro. Você precisa compreender que essas tentações também podem estar à espreita dentro do seu coração. Lembre-se, com a maior frequência possível, de que minha imagem na cruz tem o propósito de adverti-lo de que não se deve procurar apenas a vitória terrena, o ganho terreno ou a fama terrena, pois o homem que Deus mais amava teve uma morte cruel e trágica.

A perfeição e a felicidade terrenas não são as metas que Deus estabeleceu para nós. Ao contrário, conforme você passa pela vida, acumula incontáveis erros e fracassos e enfrenta muitas adversidades. Embora algumas doenças possam ser curadas de forma milagrosa, há outras que não o serão. Se você ficar desapontado e sem esperança toda vez que enfrentar algum desafio na vida, deve olhar para a cruz e lembrar as virtudes da força e da paciência. O que Deus espera de você é que tenha uma vida pura, que sirva de modelo para as gerações futuras.

Deus envia pessoas à Terra para cumprirem diferentes papéis. Alguns de nós nascem para ser líderes políticos e militares, com a missão de alcançar uma vitória nesse mundo; outros, como é o meu caso, nascem para ser mestres de almas. Há heróis militares que nascem com a missão de concretizar a glória de Deus na Terra. A eles é confiada a tarefa de desenvolver uma forte defesa contra o inimigo e proteger com coragem a nação, em nome de Deus. Mas esse não é um papel que caiba a pessoas como eu. Nasci para ensinar a todos a verdade de nossa alma e os caminhos para purificá-la, a fim de que todos possam ter uma vida mais significativa.

Fui um arauto, a quem foi confiada a tarefa de anunciar a chegada do Reino de Deus. Não fui nada mais do que uma trombeta soando, e meu trabalho jamais buscou outra conquista senão essa.

Pensamentos do Mestre Okawa

Jesus da Carne, Jesus do Espírito

O mundo é cheio de todo tipo de tentações, ilusões e formas mundanas de apego que arrastam as pessoas para baixo. Uma das consequências disso é que elas tendem a acreditar apenas no que podem ver com os próprios olhos. Há uma diferença entre o Jesus Cristo no qual seus discípulos acreditavam durante sua pregação e aquele em que as pessoas acreditam hoje, 2 mil anos depois.

O Jesus Cristo que seus discípulos viram era um homem que sofria as mesmas perseguições que eles, que enfrentava dificuldades para encontrar comida e abrigo, e que foi traído, apedrejado pela massa, arrastado por soldados romanos e crucificado entre dois ladrões. Os discípulos e contemporâneos de Jesus viram o seu lado humano, e sua humanidade fez com que muitas pessoas duvidassem dele.

Os não cristãos com frequência criticam os cristãos por acreditarem em um homem que não foi capaz nem de salvar a própria vida. Aqueles que zombaram de Jesus e o atormentaram durante sua crucificação seguiram essa mesma lógica. Eles o ridicularizaram, escreveram em uma tabuleta "Longa vida ao Rei dos Judeus" e puseram uma coroa de espinhos em sua cabeça. Caçoaram dele, insultaram-no e o desafiaram a provar-lhes que era o Rei dos Judeus e o Messias. Mas não houve nenhum milagre, e Jesus não escapou da cruz. Pessoas de gerações posteriores, no entanto, viram outro Jesus, o ressuscitado, o único Filho de Deus. Com o tempo, muitos começaram a crer em Jesus e Deus como um único ser. O Jesus no qual as gerações posteriores passaram a acreditar está mais próximo do verdadeiro Jesus.

Após sua crucificação, Jesus ressuscitou espiritualmente, e sua ressurreição ensinou-nos que nossa alma tem vida eterna.

Quando ele retornou e apareceu aos discípulos, falou-lhes do outro mundo e ensinou-lhes que a alma é imortal e eterna.

Jesus e Deus

Até o final de sua vida, Jesus sempre soube que havia um Deus, Seu Pai, e que era Seu Filho. Ele costumava dizer: "Quem viu a mim, viu o Pai" (João 14:9). Fica claro que Jesus estava ciente da existência de um Pai espiritual; com frequência rezava para Ele, e esse trecho mostra que Jesus é um ser distinto do Pai. Alguns trechos da Bíblia mostram o espírito do Pai falando por meio de Jesus, mas as pessoas de gerações posteriores fizeram uma interpretação equivocada disso e começaram a confundir o Pai do Céu com o Cristo, o filho, acreditando que ambos eram o mesmo Deus.

Jesus costumava clamar: "Meu Senhor, meu Senhor!" Como expliquei no meu livro *As Leis do Sol*, ele estava chamando por El Cantare. E o Deus em que Jesus acreditava era o Deus do amor, El Cantare – e não o deus da antiga Israel. El Cantare era seu Senhor. Esse fato é a chave para explicar os aspectos complicados do cristianismo e resolver o mistério da crucificação de Jesus. Fica óbvio a partir dos ensinamentos de Jesus que ele acreditava no Deus do amor, que era El Cantare.

Em contrapartida, o deus da antiga Israel era um deus que fazia acordos parciais. Yaveh prometia proteger quem obedecesse a ele e ameaçava punir os demais. Na Bíblia Hebraica, Yaveh aparece toda vez que há inundações, pragas e guerras – em resumo, quando a humanidade sofria alguma punição. Na antiga Israel, Yaveh era o deus das montanhas e responsável pelas maldições.

Yaveh e o Deus do amor são seres totalmente diferentes, mas Jesus não tinha plena ciência disso durante sua pregação na Terra. Ele teve apenas três anos para pregar seus ensinamentos, e não foi tempo suficiente para organizar adequadamente seu conhecimento espiritual. Jesus era capaz de receber revelações de vários espíritos elevados. Mas entendia todos eles como a voz de Deus. Não percebeu que eram muitos os espíritos divinos que falavam com ele, cujas personalidades eram distintas e com opiniões variadas. Não sabia que, ao canalizar determinado espírito, isso trazia resultados diferentes da comunicação com outros.

A Luta entre Yaveh e El Cantare: Judaísmo Tradicional ou uma Religião Mundial do Amor?

Jesus via a si mesmo como um dos profetas judeus e como um rabino. Era versado nas leis da Torá, escritas depois da época de Moisés, e se pronunciou várias vezes a respeito de leis civis.

Na época de Jesus, os estudiosos da Torá eram conservadores, presos estritamente ao formalismo da lei. Muitos deles acusaram Jesus de estar ensinando a própria filosofia original e de violar as doutrinas tradicionais do judaísmo. A Torá, por exemplo, proíbe as pessoas de trabalhar aos sábados, mas Jesus curava os doentes no Sabbath. Como Jesus acreditava no Deus do amor, nunca hesitou em ajudar as pessoas sempre que estas precisavam. Os eruditos da religião o acusaram de violar as leis da Torá, mas Jesus fez a escolha de priorizar seu amor por aqueles que estavam sofrendo, e não as leis. Essa foi uma das razões de sua perseguição: seu comportamento criou conflito entre os que aderiam às formas e regras tradicionais e aqueles que achavam que a vontade de Deus não está em seguir regras, mas em praticar atos de amor.

Em sua pregação, Jesus costumava se referir à Bíblia Hebraica para explicar sua maneira de pensar e agir. Citava um ensinamento e então tentava explicar como colocá-lo em prática. Aos olhos dos judeus conservadores, que seguiam as interpretações tradicionais da Torá, Jesus pregava interpretações erradas; eles também começaram a temer que os ensinamentos de Jesus continuassem a se alastrar como fogo pela região, e com isso todos os ensinamentos tradicionais do judaísmo, como haviam sido transmitidos por Moisés, poderiam desaparecer por completo. Isso marcou o início da perseguição a Jesus.

Além disso, Jesus identificava-se como judeu. Esperava viver e morrer como judeu. Infelizmente, na época não estava concentrado em atrair os não judeus. Por exemplo, uma passagem bíblica mostra Jesus dizendo que seus ensinamentos destinavam-se apenas aos judeus (Mateus 15:24), e não aos samaritanos. Mas quando lhe disseram que os samaritanos mereciam no mínimo receber as sobras de seus ensinamentos, Jesus reconheceu que isso era verdadeiro. Em histórias como essa, temos vislumbres de Jesus esforçando-se para fugir dos limites da comunidade judaica, o que exigiu dele um esforço e pode ser depreendido das próprias limitações da cultura daquela época; também mostra como o fato de estar confinado a um corpo material limitava sua consciência. El Cantare comunicou a Jesus que seus ensinamentos iriam criar uma nova religião mundial e incentivou-o a trabalhar além dos limites da comunidade judaica e a plantar as sementes do amor o mais amplamente possível. Por outro lado, os espíritos ligados a Yaveh queriam enquadrá-lo na linhagem dos profetas hebreus.

Jesus não estava em condições de diferenciar a voz de Deus, que lhe ordenava construir uma nova religião mundial, das vozes que buscavam convencê-lo a voltar à doutrina de Moisés e reviver os ensinamentos tradicionais do judaísmo. Ou seja, ele foi crucificado pelas forças que queriam limitar sua estatura à dos profetas hebreus.

Depois que Jesus morreu e ressuscitou, o apóstolo Paulo experimentou um despertar e começou a difundir os ensinamentos de Jesus. Conforme El Cantare planejara, os ensinamentos de Jesus acabaram se disseminando pelo mundo e se tornaram uma religião mundial, universal. No final, ao longo do tempo, os desígnios de El Cantare triunfaram.

Capítulo Dois

Buda Shakyamuni

O Caminho para a Iluminação

A Vida do Buda Shakyamuni

Sua Vida Inicial e a Descoberta do Caminho do Meio

Sidarta Gautama nasceu como príncipe e futuro rei de Shakya, um clã que havia construído e governava um país situado entre o atual norte da Índia e o Nepal. Sua mãe, Maya, morreu de febre puerperal apenas uma semana depois do parto. Seu pai, o rei Shuddodana, casou-se então com a cunhada, Prajapati, mulher muito virtuosa, que criou Gautama com todo o amor.

Ao crescer, Gautama levou uma vida de conforto material, e tinha vários palácios, para passar o verão, o inverno e a estação das monções, com uma esposa diferente em cada um. Mas, depois de viver um tempo desse modo, ficou consciente das contradições e da impermanência da vida. Questões espirituais passaram a brotar de seu interior, e aos 29 anos decidiu partir em busca de respostas para essas inquietações. Abandonou seu lar, o Palácio Kapilavastu, logo após sua esposa Yashodhara dar à luz Rahula, seu único filho.

Gautama abriu mão de todas as coisas desse mundo, inclusive da família e de seu *status* de príncipe, e foi procurar um mentor que pudesse lhe dar respostas. Apesar de seus esforços, nunca encontrou o mestre correto. Então, passou os seis anos seguintes procurando obter a iluminação: assumiu um estilo de vida ascético, em companhia de cinco outros buscadores espirituais. Dos seis, Gautama era o mais dedicado ao aprimoramento e foi reconhecido pelos demais por seu esforço. Tentou viver com apenas um grão de painço por dia. Experimentou até enterrar o corpo, deixando apenas a cabeça acima do chão para poder respirar, e também praticava meditação sentado sobre um penhasco. Como resultado de seu treinamento ascético rigoroso, acabou reduzido a pele e osso.

Um dia, foi banhar-se no rio Nairanjana, mas seu corpo estava tão leve que começou a flutuar e ser carregado pela água. Estava tão magro que era levado embora como um pedaço de madeira, incapaz até de ficar ereto dentro d'água. Essa experiência levou-o a refletir se era certo continuar a viver daquela maneira. A prática do asceticismo e a automortificação haviam-no deixado tão fraco que achou que iria morrer logo se continuasse assim. Nessa hora, uma garota da aldeia que passava por ali, chamada Sujata, ofereceu-lhe uma tigela de mingau de leite. Gautama aceitou-a e, no momento em que tomou o alimento, sentiu seu corpo encher-se de energia e teve uma inspiração:

"Durante anos, atormentei meu corpo em busca da iluminação. Mas se esse tipo de automortificação fosse o verdadeiro propósito e missão da vida na Terra, será que isso não significaria que nascer neste mundo seria um erro? Se o refinamento espiritual significasse negar a vida no corpo físico, então os seres humanos não deveriam nascer nesse mundo.

"Mas também não consegui encontrar respostas às questões sobre o sentido da vida enquanto estava em Kapilavastu, onde levava uma vida de luxúria, repleta de conforto material e prazeres. Em uma vida em busca de prazeres e satisfação, encontrei apenas corrupção. Aquele caminho levava apenas à degeneração e impedia qualquer possibilidade de aprimorar a natureza humana. Não teria sido possível alcançar a verdadeira iluminação naquele tipo de vida, cheia de prazeres, autoconcessões, decadência e riqueza sem um bom propósito. Aquela vida simplesmente impedia-me de aprimorar o caráter. Uma vida com extremos de fartura e prazer não pode levar as pessoas à verdadeira felicidade – pelo menos, não à felicidade que chamamos de iluminação."

Essa experiência levou Gautama ao primeiro estágio de sua iluminação, que foi a descoberta do "Caminho do Meio". Ele compreendeu que, na prática da disciplina espiritual, é essencial manter o Caminho do Meio, entre a dor e o prazer. Ele havia compreendido que o caminho para a iluminação não estava nem na dor de um aprimoramento rigoroso, nem nos prazeres de uma vida de luxos; só podia ser encontrado na rejeição desses dois extremos. Gautama negou não só o ascetismo que torturava o corpo, como a busca dos prazeres, pois impedia seu crescimento espiritual. Chegou, então, à conclusão de que não seria possível aprimorar seu intelecto nem encontrar a verdadeira sabedoria vivendo em qualquer desses estilos extremos. Para recuperar seu corpo gravemente enfraquecido, abandonou as práticas radicais de aprimoramento e começou a aceitar esmolas quando lhe eram oferecidas, continuando ao mesmo tempo a praticar meditação, a fim obter *insights* mais profundos.

Logo depois que Gautama decidiu aceitar oferendas de alimento, conseguiu encontrar paz e harmonia em seu coração. Compreendeu que praticar o ascetismo o tornara frágil de corpo e mente, e o levara a ficar preenchido de pensamentos passivos e negativos. Havia se preocupado demais em não ser dependente e recusara aceitar qualquer ajuda dos outros para obter comida e outras necessidades. Compreendeu que havia vivido num estado de extrema tensão, como as cordas excessivamente tensionadas de um alaúde. Decidiu, então, parar de se impor tanta tensão indevida e não mentir mais a si mesmo, fingindo que não sentia fome. Resolveu abandonar essa ilusão e praticar a moderação.

Gautama ficou surpreso ao ver que, conforme ficava mais despreocupado em relação à vida, conseguia observar os outros de modo muito mais preciso. Percebeu que queria observar bem a vida das pessoas, para poder dar a cada uma o conselho mais adequado à sua situação única. Também queria ser capaz de fazer uma avaliação precisa de si mesmo. Queria entender o sentido deste mundo e da vida humana e experimentar realmente a iluminação que tantos buscadores almejam. Queria saber o que realmente significava tornar-se um buda – um iluminado. Gautama ouviu uma voz dizendo: "Desista de sua vida anterior e tome um novo caminho". Assim, partiu em uma jornada e dias depois chegou a uma cidade chamada Gaya.

Abrir Mão do Apego Interior e Alcançar a Grande Iluminação

Em Gaya, Gautama assumiu uma vida de pedinte. Durante o dia, coletava esmolas, e do anoitecer ao amanhecer reservava tempo para sua busca da iluminação. Definiu como regra começar a meditar ao pôr do sol sob uma grande figueira, não muito longe do rio. A árvore lhe proporcionava abrigo – era tão grande que duas pessoas de mãos dadas não conseguiam abraçar seu tronco.

Ele se concentrou na meditação reflexiva, pois ficar simplesmente tentando concentrar sua mente em um único pensamento com os olhos fechados era um convite para a intervenção de maus espíritos. Para conseguir uma harmonia mental, refletia sobre as coisas que havia pensado e feito desde criança. Ao se lembrar de alguma situação na qual havia agido contra sua consciência, tentava corrigi-la. Mas, quando passava a refletir sobre a época em que estava perto dos trinta anos de idade, um pensamento em particular tomava conta da sua mente, não importa o quanto se esforçasse para afastá-lo. Era sobre sua esposa Yashodhara e seu filho Rahula. O rosto dos dois o perseguia. Tentava imaginar o quanto o filho já deveria estar crescido e como sua esposa estaria levando a vida e se estava sentindo falta dele ou não. Esses pensamentos o deixavam muito mal.

Nessa época, uma janela começava a se abrir na mente de Gautama, e ele podia ouvir as vozes de seres do mundo espiritual. Um dia, enquanto meditava sentado sob a figueira, uma voz começou a falar com ele, surgindo dentro de sua própria mente.

"Gautama, sou o deus adorado por incontáveis gerações, eu sou Brahma e estou falando com você. Você gastou seis anos levando uma vida de austeridade em busca da iluminação, mas olhe o que conseguiu com esse trabalho árduo. Parece que conseguiu simplesmente provar que é uma pessoa comum. Você tem negligenciado os princípios básicos de um ser humano, que são se casar, constituir família e viver feliz com a mulher e os filhos.

"Abandonou sua família e a felicidade que poderia ter conseguido com ela em troca do único propósito de ficar sentado em meditação debaixo de uma figueira. Sua vida é completamente sem sentido. Você está errado. Volte para Kapilavastu já e faça sua mulher e seu filho felizes. Viver bem com os dois irá preparar seu caminho para uma grande iluminação.

"Um ser humano nunca poderá experimentar a felicidade na outra vida sem ter aproveitado os prazeres desta vida. Tire o máximo prazer deste mundo. Desfrute deste mundo da maneira mais plena que desejar. Quanto maior sua felicidade, maior será o prazer que irá experimentar na próxima vida. Você não aproveitou o suficiente sua vida. Passe mais tempo desfrutando da sua família. Conceda-se um estilo de vida de maior fartura e elegância. É esse tipo de autodisciplina que você deve praticar."

Gautama viu alguma verdade nos argumentos daquele espírito que alegava ser Brahma. O que ele dizia era não só razoável e convincente, mas também tocava num ponto sensível. Gautama sentia-se arrependido por ter abandonado a família, e ainda era muito apegado ao pai, à madrasta e a outras pessoas que o haviam criado com tanto amor.

Não importa o quanto se arrependesse, não conseguia negar o fato de não ter sido bom filho, bom marido ou bom pai. Sua mente vacilava, e ele pensou se não seria de fato melhor voltar para casa, para o Palácio Kapilavastu, e suceder ao pai no trono.

No entanto, uma das observações feitas pelo autoproclamado Brahma chamou sua atenção: o espírito dissera que, quanto mais Gautama desfrutasse os prazeres deste mundo, mais feliz seria na próxima vida. Isso até parecia bom, mas Gautama sentiu que havia alguma coisa errada com aquela lógica – ou seja, que o espírito devia estar acobertando algo importante. Ele compreendeu que seu apego a este mundo, que ainda era profundo dentro dele, estava sendo trazido à luz, e que o ser que se intitulava Brahma era na realidade um demônio.

Gautama respondeu com severidade: "Você deve ser um demônio. Diz que é Brahma, mas definitivamente não é. Admita que na realidade você é um demônio, que se dedica a enganar os buscadores da verdade. Você é Mara Papiyas, o demônio; não consegue enganar meus olhos". Na hora em que Gautama disse isso, a voz passou a emitir uma risada aguda: "Ha-ha-ha! Muito bem, Gautama, você descobriu quem sou. Pelo jeito, seu aprimoramento espiritual avançou bem! Continue treinando, e vivendo uma vida inútil!"

O enfrentamento de Gautama com Mara Papiyas ensinou-lhe que qualquer desejo deste mundo terreno torna-se um convite para os demônios. Ele percebeu que o demônio na realidade existia dentro de seu próprio coração. Não era um ser fora dele tentando iludi-lo, mas havia sido atraído exclusivamente por sua própria fraqueza ou obsessão. Os demônios são atraídos por pensamentos sombrios que ficam escondidos no coração da pessoa, e se alimentam deles. Toda vez que um demônio consegue pegar a pessoa desprevenida, ele tenta manipulá-la a fim de assumir total controle da sua mente. Por isso, Gautama compreendeu que, se não se livrasse dos seus apegos, não seria capaz de alcançar um estado de paz interior. Mesmo os pensamentos naturais, humanos, a respeito da mulher e do filho ou do pai e da mãe, se persistissem e se tornassem apegos obsessivos, iriam fazê-lo sofrer. O demônio usara aquele ponto sensível para se introduzir no seu coração. Ele compreendeu que livrar-se dos apegos no mundo da mente era o primeiro passo para a iluminação, e que isso era diferente de abrir mão do desejo de comer, e diferente de se sentir satisfeito com comida e roupas humildes.

Quando Gautama prosseguiu com sua meditação reflexiva, chegou a uma nova compreensão: "A mente deve estar sempre livre de apegos, como um riacho da montanha que corre livremente, sem restrições. Se a mente se concentra em único pensamento, seja bom ou ruim, perde sua liberdade, e aquele ponto onde se estagnou torna-se alvo fácil para o mal. É melhor que eu abandone todo sentido de obrigação e entre num estado mental mais livre, aberto, rico e pacífico".

Gautama continuou a refletir sobre sua vida inteira, de quase 36 anos. Descartou quaisquer pensamentos negativos que criassem obsessão em sua mente e, ao fazer isso, ficou livre de todos os apegos. Uma grande sensação de paz o envolveu. Ele sentiu o calor da luz celestial fluindo dentro do peito, e foi nessa hora que ouviu de verdade a voz de Brahma.

"Gautama, estamos contentes por você ter finalmente alcançado a iluminação. Estivemos zelando por você e esperando que alcançasse esse primeiro estágio de iluminação. Sem ela, você não poderia cumprir sua missão nessa vida. Ficamos preocupados quando você estava imerso numa vida de luxo e prazeres mundanos. Quando começou seu período de treinamento austero, ficamos preocupados também que você pudesse cometer suicídio ou morresse de desnutrição. Agora você superou essas dificuldades, e é capaz de ouvir nossa voz. Estamos verdadeiramente satisfeitos."

Em seguida, Gautama adquiriu a capacidade de ver o passado, o presente e o futuro. Penetrou nos segredos da origem do universo, no nascimento e na história do planeta Terra, no surgimento e queda das civilizações, nas suas próprias encarnações passadas e no futuro da humanidade. Quando sua mente se tornou calma e livre de apegos, sentiu seu corpo espiritual se expandir e se tornar tão grande quanto o universo inteiro, enquanto seu corpo físico continuava debaixo da figueira. Essa experiência distingue aqueles que abriram a porta do mundo do coração, e é a prova de que Gautama havia conseguido obter a liberdade perfeita da alma.

Depois de ter alcançado a iluminação e se tornar a pessoa que agora conhecemos como Buda, Gautama ficou ansioso para transmitir o que havia entendido ao maior número possível de pessoas, e com a máxima urgência. Sentiu que, se guardasse a experiência para si, sua vida não teria sentido. Ainda pretendia continuar sua jornada interior e alcançar um nível de iluminação mais profundo, mas sua ânsia de transmitir as Verdades aos outros era tão intensa que não conseguiu conter o entusiasmo. Então, deu um passo adiante e começou a transmitir as Verdades que sua iluminação lhe permitira ver. Esse momento marcou o início da missão do Buda Shakyamuni na pregação das Leis, que mais tarde passou a ser conhecido como o Primeiro Giro da Roda do Darma. Ele continuou sua obra pelos 45 anos seguintes, até o dia em que retornou ao outro mundo, aos oitenta anos.

Mensagem Espiritual do Buda Shakyamuni

1

A Busca pelo Caminho do Meio

Meu amado discípulo, ouça com atenção minhas palavras. Você precisa ter sempre um guia para o coração. Sua mente pode ficar oscilando para lá e para cá o tempo todo, mas você deve manter um guia que aponte sempre para a correta direção em sua mente, como a agulha de uma bússola que sempre aponta para o norte. Palavras de sabedoria servirão como guia para o seu coração. Busque o máximo de palavras de sabedoria que conseguir, e permita que elas alimentem sua vida.

Você não vai encontrar palavras de sabedoria em toda parte. Irá recebê-las no momento em que precisar delas, do modo que precisar, ao longo da vida. As palavras podem enganar; a não ser que as use no lugar certo, na hora certa e com as pessoas certas, não conseguirá fazer uso do seu verdadeiro poder.

Minhas palavras e sermões serão ouvidos de forma diferente pelas pessoas, de acordo com o estado de seu coração e da época da vida em que se encontrem. Portanto, você não deve interpretar minhas palavras somente da sua maneira. Deve procurar o verdadeiro sentido delas. Eu transmito essas palavras não só para ajudá-lo a resolver seus problemas pessoais, mas para beneficiar um grande número de pessoas.

Dessas palavras, escolha aquelas que irão nutrir sua mente. Procure aquelas que toquem seu coração. Selecione as que chegam naturalmente e que você acredita que sejam universais – pois essas são palavras de grande sabedoria.

Tudo o Que Você Faz É Graças ao Poder Divino

Meu amado discípulo, você está conectado à Vida Eterna, à força vital do Grande Espírito. Está unido à vida de "Buda"; é parte de Sua própria vida.[5] *Quando você acredita em "Buda" e pratica Suas Leis, consegue inumeráveis feitos e realizações. Testemunha muitos milagres poderosos.*

Não ache que esses feitos e milagres ocorrem em razão do seu próprio poder. Não pense que os realizou usando apenas sua capacidade. Eles tornam-se possíveis porque você está conectado à vida do grande universo. Você só é capaz de realizá-los porque se tornou uno com a Grande Sabedoria.

Não há nada que ocorra somente pelo seu poder individual. Aquilo que parece ter sido realizado com seu próprio poder é, na realidade, obtido pelo poder de "Buda". Mantenha sempre uma atitude humilde. Tenha sempre em mente esse segredo do grande universo. Saiba que está na palma da mão do "Grande Buda". É porque Buda o mantém em Sua mão aberta que você é capaz de andar sobre ela. Se Ele fechar Sua mão, o universo mergulhará nas trevas. Somente porque Buda abre Sua mão é que o universo continua a existir dentro da luz infinita. Você não deve se esquecer de que está vivendo sobre Sua palma.

---

5. Neste capítulo, o termo "Buda" diz respeito ao Buda Primordial, o Deus Criador. Ele não deve ser confundido simplesmente com "buda", atribuído a qualquer pessoa que tenha alcançado a iluminação, ou com o "Buda Shakyamuni", isto é, "o sábio do clã Shakya", que se refere a Sidarta Gautama. (N. do E.)

As pessoas tendem a ficar confiantes demais nas próprias capacidades quando a vida está indo bem. Para evitar que você fique presunçoso, é vital que se lembre constantemente destas palavras de advertência. Mesmo que suas ações produzam resultados maravilhosos, não fique confiante demais. Não superestime suas capacidades. Não atribua os créditos a si mesmo. Saiba que tudo o que você faz é com o poder de "Buda".

Sofrimento e Dor São Pedras de Amolar para Sua Alma

Meu querido discípulo, você não deve se lamentar quando estiver sofrendo, pois é nos períodos de infelicidade que a pessoa se torna uma candidata para adentrar pelo Caminho do Meio. Nesses momentos, você tem a oportunidade de se arrepender pela maneira como tem levado a vida. Pode refletir sobre seus erros, revendo-os um por um. Pode chegar a se sentir realmente deplorável. Nessas horas de desespero, saiba que está se preparando para trilhar a estrada dourada.

Você deve se reerguer dessa situação de desespero, pois você é as mãos e os pés de Buda, você é uma parte de Sua grande vida. Quando tomar consciência dessa verdade, saberá que não há fracasso neste mundo. Não há derrota neste mundo. Você nunca se verá de novo nas profundezas da aflição, pois tudo aquilo que parece ser um fracasso, uma derrota ou uma fonte de infelicidade é algo que lhe foi dado como uma oportunidade de aprimorar sua alma. Você precisa aprender a pensar desse modo. Esse tipo de perspectiva está baseado nas Leis.

Dor e sofrimento não existem em si; não têm como existir isoladamente. Sofrimento e dor existem apenas como pedras de amolar usadas para polir sua alma. São como lixas de papel que você usa para polir sua alma e fazê-la brilhar. Meu amado, é dessa forma que você precisa encarar a dor e o sofrimento. Então, quando estiver em algum apuro, compreenderá o que o destino está tentando lhe ensinar. Aprenda a lição, e aproveite-a para nutrir sua alma. Aprenda com seus fracassos, e volte ao Caminho do Meio.

Ao percorrer esse caminho, talvez você encontre os mesmos perigos e problemas que já enfrentou no passado. Nessas horas, use o conhecimento, as capacidades e a sabedoria que adquiriu nas experiências anteriores. Você não repetirá os mesmos erros, pois as lições que aprendeu e a sabedoria que conquistou irão protegê-lo. Elas projetarão luz no seu coração. Portanto, não tenha medo do fracasso; pense nele como uma vacina que "Buda" lhe deu, para protegê-lo de fracassos ainda maiores no futuro. Seus fracassos hoje irão ajudá-lo a alcançar maior sucesso amanhã. O fracasso lhe é dado para treinar sua alma e preencher sua vida de uma luz ainda maior. Quando você seguir pela trilha do Caminho do Meio, irá encontrar realmente a luz eterna.

O Sucesso no Caminho do Meio Vem Acompanhado de Humildade e Gratidão

Talvez você esteja subindo a escada do sucesso. Se estiver, lembre-se de que essa mesma escada também pode levá-lo ao fracasso – pois os caminhos para o sucesso e o fracasso são dois lados da mesma moeda. Essa verdade torna-se evidente conforme a ladeira se torna mais íngreme.

Aqueles que não experimentam o sucesso raramente fracassam; e quem experimenta muitos sucessos experimenta também muitos fracassos. A vida tem sempre esquerda e direita, altos e baixos, que existem juntos, como os fios entrelaçados de uma corda. Portanto, precisa se lembrar sempre de que a felici-

dade e a infelicidade são dois fios diferentes da mesma corda. Quando você fica sacudindo uma corda, cria ondas que contêm vários picos e vales. Ou seja, a mesma corda forma um pico num instante, e um vale no seguinte. O mesmo é verdade para a sua vida: irá passar por muitos picos e vales. Não importa em que momento da vida você esteja, faça disso uma regra de verdade para o seu coração, e o transforme num princípio para trilhar o Caminho do Meio. A filosofia do Caminho do Meio vai conduzi-lo até a "Estrada Real da Vida". Você pode conquistar um grande sucesso trilhando o Caminho do Meio.

O sucesso alcançado no Caminho do Meio é sempre acompanhado por humildade e gratidão; ele cria uma estrada que permite que todas as coisas prosperem em harmonia. O que significa ser humilde? É lembrar a si mesmo que está recebendo sempre a ajuda dos outros, assim como a de Buda. Ao se lembrar disso, você evita tornar-se presunçoso. O que é a gratidão? É um estado que nasce da humildade. As pessoas somente se sentem gratas quando são humildes. Ao sentir gratidão, você irá expressar sua humildade na forma de boas ações com os outros. Em épocas de sucesso, quando você recebe elogios dos outros, quando a vida está na maré alta, você deve disciplinar-se para ser humilde. Seja grato com os outros e com "Buda". Seu sucesso continuará a crescer à medida que se lembre de ser humilde e grato em suas fases bem-sucedidas.

Seu sucesso não deve ser a causa do fracasso dos outros nem deve prejudicar ninguém; ele não deve trazer infelicidade aos outros. Seu caminho para o sucesso deve nutrir a todos. Esse caminho que nutre a todos é o Caminho do Meio. É uma estrada ampla e plana, e que se estende por uma distância bem longa. Saiba que o Caminho do Meio é também uma "Estrada Dourada", que brilha com uma luz dourada. Meu amado, você precisa compreender esta verdade do Caminho do Meio.

Sucesso Significa Tornar-Se um Canal de Amor

Meu discípulo querido, tenho sempre ensinado a não procurar a felicidade apenas para si próprio. Tenho transmitido muitas e muitas vezes que não basta você sozinho encontrar a felicidade. Quando você segue pelo Caminho do Meio e encontra a felicidade, saiba que ela não foi dada somente a você. Você deve compartilhar a felicidade obtida no Caminho do Meio com todos à sua volta. Sua felicidade deve se tornar o poder de trazer salvação para os que estão ao seu redor.

Pense num canal de irrigação quando refletir sobre a ideia do Caminho do Meio. Se o canal correr apenas ao longo das bordas do campo, a água não irá alcançar todas as partes do terreno. É porque o canal entra até o centro do campo que ele pode distribuir muito amor aos outros. O canal sempre passa pelo centro, para irrigar todo o campo para que este, por sua vez, possa florescer em volta dele. A água é como o sangue para o campo, e os canais são como as veias por onde o sangue circula. O coração que bombeia o sangue pelas veias é o seu coração amoroso. Não se esqueça dessa analogia.

Meu amado discípulo, as pessoas bem-sucedidas são como canais correndo pelo campo. Um canal atravessa o campo, levando e distribuindo água pura em abundância. Não há virtude em acumular água para si; nem o bem, nem nenhum sucesso nasce disso. No entanto, quando você solta a água para dentro do canal e a deixa fluir por inúmeros campos, isso se torna virtuoso; isso se torna um bem; isso se torna sucesso. Este é o caminho de uma pessoa bem-sucedida.

Pessoas bem-sucedidas têm permissão para continuar bem-sucedidas porque deram amor a muitas outras. Se você obtém uma excelente colheita e a guarda toda para si, os ou-

tros poderão invejá-lo ou criticá-lo. Mas, se você compartilha os frutos, o arroz e o trigo que colheu, os outros ficarão felizes com a abundância da sua excelente colheita. Quando você compartilha seu sucesso, sua existência se torna o próprio amor; se torna bondade. Essa é a verdadeira essência do sucesso. Você estará cometendo um grave erro se guardar os frutos de seu sucesso apenas para você. Mas, se beneficiar muitas pessoas com os frutos do seu sucesso, ele irá enriquecer o mundo e trazer alegria para a alma de muitas pessoas.

Tenha como aspiração fazer o mesmo trabalho de um canal. Você pode se tornar uma grande bomba que envia continuamente água para o canal quando o campo está seco. A infinita água que brota do chão equivale à luz de Buda. É a Sua misericórdia. Você precisa aprender a receber Seu amor total. Quando você tenta, de todo coração, dar amor aos outros, e preencher o coração deles de amor, descobre que o poder, o amor, a coragem e a luz de Buda fluem do seu interior do mesmo modo que a água jorra do chão. Acredite que isso irá acontecer. É isso exatamente o que significa viver uma "vida ideal".

O Caminho para Cultivar a Si Mesmo

Meu querido, ouça bem. Você também deve dedicar uma parte dessa extensão de terra que surge à sua frente para o cultivo de si mesmo. Reserve parte do seu tempo de vida para cultivar a si mesmo. Separe um tempo, todos os dias, todos os meses e todos os anos, para estudar. Esse tempo não será perdido, pois você irá usá-lo para construir um canal que se tornará a base para nutrir muitas pessoas.

Qual a melhor maneira de cultivar a si mesmo? É aprender as eternas Verdades, que são o verdadeiro conhecimento, que ultrapassa todos os demais conhecimentos. Coloque as

Verdades no centro da sua aprendizagem. Baseie seu cultivo nas Verdades. Da perspectiva das Verdades, reexamine todo o conhecimento que já acumulou e todas as experiências que já teve. Descubra as experiências que brilham como diamantes. Embeleze a si mesmo com fragmentos da sabedoria contida em seus estudos passados. Persiga com fervor e absorva aquilo que tiver a sensação ou aroma da Verdade.

Andar pelo caminho do cultivo é colocar as Verdades como o centro da sua aprendizagem e rodeá-las com o legado da humanidade, ou seja, as invenções, descobertas e inovações. As pessoas têm feito inúmeras descobertas e criado muitas inovações, ideias e opiniões, no decorrer da história. Passe tudo isso pelo filtro da Verdade e nutra sua alma com o que permanecer no filtro.

Cultivar a si mesmo é como construir um canal, que requer comportas ou diques ao seu redor para transportar a água. À primeira vista, as comportas parecem obstruir o fluxo da água. As pessoas podem criticá-lo por erguer muros que controlam o fluxo da água. Mas pense nisso com cuidado. O que poderia ocorrer se o canal não corresse perfeitamente uniforme pelo campo? O que aconteceria se a água apenas brotasse da bomba diretamente no campo? Uma parte do terreno ficaria encharcada e inundada. Pense se isso realmente ajudaria no crescimento das mudas. Você sabe que não. As tenras mudinhas iriam se afogar nos charcos de água e acabar apodrecendo.

Essa parábola nos diz que, a fim de poder dar amor de maneira imparcial a muitas pessoas, você precisa construir as bases da sua vida. Pode ser que tenha dúvidas enquanto constrói um canal. Talvez receba críticas durante sua construção ou as pessoas zombem de você ao vê-lo em silêncio cavando seu canal, despejando cimento e preparando-o para receber a água. Alguns com certeza vão comentar: "Você é um tolo.

Mesmo que construa esse canal, não vai conseguir tirar um só grão de arroz ou trigo dessa terra. Está perdendo tempo. Está construindo esse canal inútil somente para sua satisfação". No entanto, você deve apenas continuar a trabalhar, em silêncio. Não importa o que digam, nunca duvide da sua aspiração, nem esqueça seus ideais. Algum dia será capaz de realizar seu grande plano.

Não se deixe levar por aquilo que está bem à sua frente. Não caia na armadilha de ficar seduzido por ganhos imediatos. Seus grandes ideais não devem encolher diante das críticas e comentários das outras pessoas. Você precisa continuar construindo o canal, sem se importar com isso. Sua meta final é espalhar Amor Divino, por isso nunca desista de construir seu canal. Depois que ele estiver pronto e se mostrar útil, as pessoas entenderão por que você trabalhou tanto nele. Até lá, talvez ouça muitas críticas e questionamentos, mas lembre-se de que são comentários de pessoas que não compreendem seus ideais.

Meu amado discípulo, você está entendendo a lição que tento lhe transmitir por meio dessa analogia do canal? Compreende o verdadeiro sentido dessa parábola? O que estou tentando ensinar é que você terá muito a aprender durante sua caminhada até a perfeição humana.

Cultive a si mesmo. Trilhe o caminho da aprendizagem. Educar a si mesmo não é fácil, pois irá exigir um esforço constante, incansável. Conforme você acumula conhecimento, as pessoas podem criticá-lo e dizer: "Não adianta nada estudar. O estudo não vai lhe trazer nada de bom". Mas a verdade é que cultivar a si mesmo abre um grande caminho, que irá prover sustento à sua alma. Trilhar esse caminho ajudará sua alma a crescer. Você está construindo agora um canal que percorre um grande lote de terra. Com ele, poderá irrigar as terras áridas e transformá-las em campos férteis.

Para ser vitorioso na vida e guiar muitas pessoas, você deve cultivar a si mesmo, tornar-se culto. Isso significa acumular muito conhecimento e experiência e então refinar esse conhecimento e experiência e transformá-los em algo mais precioso. Aprender fatos aleatórios não o torna necessariamente mais culto. Para que seu conhecimento se transforme em cultura ele precisa ser acompanhado de amor. É o elemento catalisador do amor que transforma conhecimento em cultura. O que importa, portanto, é a razão pela qual você quer adquirir conhecimento. Se seu propósito é ligar um holofote sobre si mesmo e mostrar aos outros o quanto você é maravilhoso, seu conhecimento jamais irá se tornar cultura. Mas, se sua busca vem de um desejo de beneficiar e nutrir outras pessoas, então esse conhecimento se tornará parte de você. Irá enriquecer seu caráter e desenvolver seu verdadeiro potencial. Quando você acrescenta o elemento catalisador do amor, pode transformar seu conhecimento em sabedoria; e é quando você estará de fato trilhando o caminho da aprendizagem.

A essa altura, você já deve ter percebido que o Caminho do Meio pode não ser fácil. Você não deve se lamentar pelas dificuldades enfrentadas ao percorrer o caminho do aprimoramento, essa estrada do esforço constante. Mas acredite: essa estrada é um "caminho dourado". Absorva o alimento espiritual e treine sua alma todos os dias, pois o verdadeiro propósito da sua vida é se tornar uma grande alma. É esse o verdadeiro valor da vida.

Meu amado, a partir de agora, faça um esforço constante, com perseverança incansável. Grave no coração as muitas lições que vem aprendendo, pois é assim que estará seguindo o caminho da diligência. Tenho ensinado a Correta Dedicação, que faz parte dos Oito Corretos Caminhos. Muitas pessoas talvez ainda não tenham entendido o que significa essa

Correta Dedicação, mas digo-lhe que o caminho do esforço correto irá refinar infinitamente o seu caráter. É um caminho eterno que leva até Buda. Nunca desista desse caminho. Mesmo que caia, exausto, nunca volte atrás. Mesmo que não consiga mais avançar, não olhe para trás. Fique onde está e faça uma breve pausa. Descanse até que a força retorne e, então, retome sua jornada pelo caminho do aprimoramento. Essa é uma grande missão que foi confiada a você.

As Leis só têm força quando são usadas para melhorar a humanidade. Para torná-las de fato poderosas, aqueles que as aprendem devem acumular coragem e sabedoria e percorrer o caminho do aprimoramento, com esperança. Você deve trilhar esse caminho, pois é ele que irá levá-lo à sua meta final, a iluminação.

2

Descartar os Venenos do Coração

O Que É a Ignorância?

Dê uma olhada no mundo à sua volta, e verá tolos por toda parte. Você consegue distinguir os ignorantes dos que não são? Talvez tente diferenciar um do outro pela inteligência. Porém, a ignorância não depende só da capacidade intelectual, mas de a pessoa ter consciência daquilo que a alma dela necessita. Agora dê mais uma olhada ao redor, dessa vez prestando atenção naqueles que parecem não ter esse tipo de consciência. Você irá descobrir que muitas pessoas estão vivendo realmente como tolas, e talvez até descubra que você é uma delas.

Viver como um tolo é como produzir uma toxina na sua mente sem sequer saber o que está fazendo para si mesmo. Você sabe que ao comer alimentos tóxicos seu corpo se enfraquece e você pode acabar morrendo. Então, por que não percebe que, quando alimenta sua alma com veneno, está matando-a? Por que não consegue perceber o que está fazendo?

Meu amado, ouça minhas palavras com atenção. Sem perceber, todo os dias, você está envenenando sua alma, está tomando arsênico. Pode ser apenas uma pequena dose diária, mas se você consome veneno regularmente, ele irá se acumular dentro de você e acabará matando sua alma. O que significa morrer para a sua alma? Significa que ela não vai mais possuir a natureza divina com a qual você foi originalmente provido, que você terá se resignado a viver de uma maneira que contradiz o propósito original para o qual foi criado.

Conheça Seu Verdadeiro Eu

Um dos tipos de tolice é não conhecer a si mesmo. Tolos desse tipo se orgulham de si mesmos, mas nem sequer conhecem seu verdadeiro eu. Você pode ter lido milhares de livros e viajado o mundo inteiro, mas para ser sábio de fato precisa compreender sua verdadeira natureza. Pode acumular bastante conhecimento, memorizar muita informação e visitar diversos países, mas nada disso o torna um sábio: para isso você deve entender sua própria mente. Aqueles que conhecem e controlam sua mente e despertam para o seu verdadeiro eu se tornarão sábios, mesmo que lhes falte conhecimento terreno ou experiência.

Meu querido, não coloque o carro na frente dos bois. Precisa começar seu trabalho controlando a si mesmo. Não importa quanto dinheiro e tempo você gasta e quanta ajuda recebe dos outros; não se tornará sábio até que conheça e controle a si mesmo. Você precisa se conhecer bem. Isso significa saber que você é filho de Buda. Os verdadeiramente sábios não buscam o reconhecimento dos outros, pois sabem que seu corpo e alma vêm Dele.

Repito mais uma vez. Você precisa se conhecer bem. Faça disso sua primeira meta. Para ser de fato sábio, antes de tentar conhecer o mundo e as outras pessoas você precisa conhecer a si mesmo. Não importa quanto conhecimento acumule, se não estiver ciente da sua verdadeira natureza, continuará ignorante.

O Coração Que Pratica Oferendas: um Antídoto à Ganância

Meu amado discípulo, quero ensinar mais a respeito dos venenos do coração. Você deve começar abandonando sua ganân-

cia. Sabe o que é um coração ganancioso? É aquele que o tempo todo só pensa em receber, tomar, pegar, possuir, que sempre deseja mais e mais. Um coração ganancioso pode querer status, promoção ou fama. Quando você não para de querer, como um fantasma morto de fome que nunca se sacia, não importa o quanto coma, sua alma cai em uma estagnação profunda, incomensurável.

Meu amado, você deve refletir profundamente sobre o que há dentro de seu coração. Se descobrir nele o sentimento de ganância, precisa saber que está sendo tolo. Pare de se apegar ao status *social, às promoções na carreira, fama e orgulho. Um coração ganancioso dá origem a esse desejo de ser muito considerado pelos outros, respeitado, admirado, de ficar famoso e ter autoridade sobre os demais. Se seu coração estiver envenenado pela ganância, imediatamente agarre essa ambição e livre-se dela. Não deixe que entre de novo em seus pensamentos. Feche a porta da mente para ela e nunca mais permita que tenha acesso ao seu coração.*

Você entende por que a ganância é um veneno para o coração? Sabe por que é uma coisa má? A ambição é venenosa porque interfere na sua gentileza, na sua bondade. Ser gentil e bom é algo nobre. Uma expressão facial gentil, benevolente, palavras agradáveis e uma atitude terna são coisas preciosas, pois é nesse clima de gentileza e bondade que você encontrará Buda.

Perceba que os iluminados são sempre serenos. Eles andam mansamente, com um sorriso no rosto. Não se vangloriam. Não são arrogantes. Não ficam se exibindo, não julgam os outros, nem tentam prejudicá-los. Os iluminados são gentis, educados, equilibrados, graciosos e têm bons modos.

Meu amado discípulo, você precisa saber que não é fácil para as almas serem agraciadas com a vida e nascerem neste mundo. Você recebeu uma rara oportunidade de nascer nesta era e estar diante dos ensinamentos de Buda. Foi-lhe dada a preciosa oportunidade de viver na mesma era que Buda, um tempo em que um Buda vivo expõe seus ensinamentos. Quando você perceber as poucas almas que tiveram a chance de nascer nesta era, sua missão na vida ficará clara: você nasceu para se doar aos outros.

O "Plantio da Felicidade" é uma expressão atualmente usada na Happy Science para expressar um coração que pratica oferendas. Um coração que planta felicidade por meio da prática de oferendas é um coração que se importa com os outros, que deseja boas coisas aos outros, que serve os outros. Se você não tem um coração que pratica oferendas, então os ensinamentos de Buda não farão sentido para você. O objetivo dos ensinamentos de Buda é ajudá-lo a servir os outros, dar aos outros, amar os outros.

Seja Bom, Não Seja Egoísta

Outro tipo de tolice é deixar faltar bondade no coração. Algumas pessoas não percebem o quanto é importante ser bom. Aqueles em que falta bondade no coração não veem o menor problema em tirar os outros do caminho, em dar uma de superior e exigir obediência deles. Essas pessoas não estão cientes do tremendo erro de vida que estão cometendo. Ser bom é ajudar os outros a sentirem felicidade por estarem vivos. Ter bondade no coração é a maior prova de que você é um filho de Buda.

A verdadeira bondade leva à verdadeira piedade. Muitos dos seus irmãos, seres humanos, estão experimentando grande dor e sofrimento. Escravizados às suas limitações físicas, enfrentando muitos obstáculos para alcançar a iluminação, com poucas chances de obter o despertar espiritual, eles supor-

tam uma vida sofrida. Animais e plantas também sofrem. Quando você se dá conta de toda a dor e sofrimento que há no mundo, quando vê todos os espinhos que ferem as pessoas, é muito natural que sinta o impulso de acabar com toda essa dor. Sentir a dor e a tristeza dos outros e derramar lágrimas por eles é ter grande compaixão, ou, como digo às vezes, grande piedade. Essas são as lágrimas da misericórdia de Buda.

Quando as pessoas não sentem mais piedade pelas outras, é que se tornaram egoístas. Isto é, pensam apenas em si mesmas e na própria felicidade; estão focadas apenas em seu próprio pesar. Mas pensar no próprio pesar não ajuda a melhorar o mundo. Para criar um mundo melhor, você precisa remover os espinhos e ferrões venenosos do coração dos outros. É essa a atitude mental que vocês precisam ter. Portanto, lembre-se de continuar olhando para o mundo à sua volta. Observe as pessoas, os animais e as plantas. Sinta a tristeza deles. A tristeza deles irá lhe dizer o que esse momento exige de você.

Aqueles que só pensam na própria felicidade e proteção concentram um esforço incansável apenas em benefício próprio, mas a direção de seus esforços é oposta ao desejo de Buda. Eles não entendem que ao procurar apenas o seu benefício estão na realidade causando danos a si mesmos. Não entendem que não nasceram para ser egoístas. Você tampouco nasceu para dedicar sua vida apenas a si próprio. Ao nascer neste mundo, recebeu a bênção de uma compaixão inigualável. Seja grato por esta preciosa oportunidade e dedique a vida a saciar a sede do coração de muitas pessoas. Não pense demais em você ou na própria felicidade.

Há muito tempo, ensinei que seus esforços em benefício próprio não devem trazer prejuízo aos outros. Nunca deseje magoar os outros ou causar-lhes dano. Seus esforços devem sempre beneficiar também os outros. Quando conseguir um *bom controle de si mesmo, dominar sua mente e polir sua alma, você entrará num mundo maravilhoso. Seus esforços para se aperfeiçoar devem ajudar os outros a se aprimorarem também e contribuir para tornar este mundo que Buda criou um lugar mais admirável. Portanto, não interprete mal o sentido de beneficiar a si mesmo.*

Embeleze Seu Coração Antes de Embelezar Seu Corpo

Não se preocupe demais com sua aparência física. Não se atormente achando que é alto ou baixo demais, muito gordo ou muito magro, bonito ou feio. Evite aquela obsessão com a aparência exterior que faz algumas pessoas falarem disso o dia inteiro. Só um ignorante se incomoda com essas questões. O corpo é apenas um veículo para a alma. Já é suficiente que seu corpo cumpra seu propósito de veículo para o treinamento da sua alma nesta vida. Não é preciso desejar mais que isso. Não se sinta aflito por ter um corpo diferente do que gostaria, nem se preocupe demais com a aparência. Em vez disso, coloque o foco na sua mente. O que está se passando nela? Se sua mente está cheia de pensamentos incorretos, isso sim deve preocupá-lo mais do que a aparência física. Reflita se sua mente é bela ou não. Dê importância ao fato de seu coração ser puro e belo.

Seu coração irá se manifestar em sua aparência física. Se sua mente é bonita, essa beleza se refletirá nos seus olhos. Se sua mente é impura, seus olhos ficarão sombrios, terão um brilho maldoso ou enviarão vibrações ruins. O nariz de uma pessoa arrogante acaba realmente parecendo empinado e pontudo demais. A boca de uma pessoa cuja mente é má parecerá torta. Os lábios de quem sempre faz comentários sarcásticos e vive criticando os outros parecerão franzidos e retor-

cidos. Se a mente da pessoa é perturbada, isso se revela na atitude dela – aqueles que estão sempre culpando e atormentando os outros irão se comportar de um jeito que esses traços serão visíveis no corpo. Aqueles que têm um coração pacífico farão você se esquecer da época em que vive e do lugar onde está. Farão você se sentir tão em paz que a impressão é de estar sozinho com a pessoa, mesmo que haja uma multidão em volta. Isso porque a mente dessa pessoa é sempre gentil e serena. Pessoas com um coração meigo e calmo nunca provocam desconforto a quem está por perto.

Meu amado, antes de melhorar seu corpo, procure deixar sua mente em ordem. Antes de embelezar o corpo, embeleze seu coração. Seja gentil todos os dias. Não se irrite nem fique com raiva. Não fale mal dos outros. Não reclame. Grave estas palavras em seu coração.

Responda à Raiva com Gentileza

A raiva é outro veneno do coração que deve ser evitado. Não importa que tipo de humilhação você estiver enfrentando, nunca fique com raiva. Esse ensinamento é vital, sobretudo para aqueles que buscam a espiritualidade. Em sua disciplina espiritual, talvez você seja criticado e até insultado. Mas, como discípulos de Buda, precisamos suportar essas humilhações. Nunca devemos reagir à raiva com raiva, mas com palavras gentis. Diante de uma crítica dura, responda com o silêncio. Lembre-se de sorrir, de praticar a tolerância e a paciência. Lembre-se de perseverar, pois essa disciplina irá torná-lo uma pessoa virtuosa. Para adquirir virtude, você precisa de perseverança. Para se tornar virtuoso, deve reagir à raiva com gentileza, e não com mais raiva. Nunca, de forma alguma se deixe entregar à raiva.

Seja Amoroso e Respeitoso, e Evite a Inveja

A inveja é o veneno mais perigoso para quem está no caminho da iluminação. Se o veneno da inveja entrar em você, ele instantemente anulará tudo o que você adquiriu por meio de décadas de disciplina espiritual. Toda a virtude que tiver acumulado desaparecerá de imediato.

Não tenha inveja ou ciúme dos outros. Esteja muito atento a isso, pois esse é outro ensinamento essencial para os buscadores espirituais. Enquanto pratica seu aprimoramento, talvez ouça elogios a respeito dos outros ou fique sabendo, por exemplo, que alguém alcançou um elevado estado de espírito. Isso momentaneamente pode despertar ciúmes em você, mas procure não ceder a esse sentimento. Abrigar sentimentos de inveja e ciúme é uma maneira tola de viver. Não viva desse jeito.

A inveja é má porque não faz ninguém feliz. Ela traz infelicidade tanto à pessoa invejosa quanto à pessoa invejada. A inveja quebra a harmonia e perturba a paz em seu coração. Agora que compreendeu que a inveja é má, você nunca deve ser invejoso. Ao encontrar pessoas de alto nível, ame-as, respeite-as e honre-as. O simples fato de honrar essas pessoas que são maiores do que você faz com que se torne como elas. Este é seu primeiro passo no caminho do desenvolvimento. Ame e reverencie essas pessoas. Ame quem tem capacidade, experiência e sabedoria. Isso é essencial.

Não se Queixe; Trabalhe com Persistência e em Silêncio

Ensinei que você não deve ficar com raiva nem ser invejoso. O próximo veneno do qual deve se livrar é o hábito de reclamar. As pessoas reclamam quando não conseguem satisfazer seus dese-

jos. As queixas se avolumam e se tornam críticas e insatisfação; depois, se espalham e permeiam a mente de todos à sua volta. Evitar uma postura mental que reclama é uma das importantes virtudes que os buscadores espirituais devem praticar.

As reclamações são venenosas, são como lixo esparramado, e prejudicam e poluem quem está perto. Aqueles que se queixam estão criando um depósito de lixo à sua volta, deixando cercados por montanhas de detritos não só eles como também as pessoas próximas. Quando você reclama, quem é que limpa esse lixo depois? Quem vai recolher o lixo que você espalhou à sua volta? É você que tem de limpar a bagunça que fez. Aquele que se queixa tem de se desfazer do próprio lixo. Se não fizer isso, não terá outra opção a não ser viver no meio de montanhas de lixo. Essa é a coisa mais terrível com relação às queixas e reclamações.

Você sabe por que reclama? As queixas são disparadas por falta de capacidade ou de autoconfiança. Quando sentir que está prestes a reclamar, procure se encorajar. Anime-se. Diga a si mesmo que é de longe uma pessoa que está acima disso, que foi criado pela Luz Divina que reside dentro de você. Procure incentivar-se a brilhar com uma luz maior e mais brilhante. Sua necessidade de reclamar vai desaparecer.

Às vezes você também pode querer reclamar quando estiver muito cansado. Essa é uma tendência humana normal. Mas, se perceber que esse é o caso, fique em silêncio. Toda vez que sentir necessidade de reclamar, faça um esforço para ficar em silêncio e respire profundamente. Então, procure distanciar-se daquele pensamento o mais rápido possível.

Algumas pessoas se queixam por não conseguirem o que desejam. Outras talvez se sintam ressentidas por saberem que não vão conseguir certas coisas, por mais que se esforcem. Mas, de que adianta ficar reclamando por causa disso?

Por acaso isso vai ajudá-lo a fazer algum progresso nesse sentido? Reclamar é como ficar tentando desesperadamente levar seu barco para um porto seguro, só que ao bater os remos você cria mais ondas, que rebatem na margem e afastam o barco de novo.

Queixar-se da sua incapacidade de conseguir alguma coisa só vai fazê-lo se afastar ainda mais da sua meta. Em vez disso, comece a acumular forças calmamente em seu interior. Olhe para o futuro e continue trabalhando com persistência e em silêncio. Ninguém consegue nada sem esforço. Você não irá se desenvolver espiritualmente se tiver sucesso fácil. O sucesso fácil é como um castelo no ar: no final ele acaba ruindo.

Meu amado, não poupe esforços. Você não conseguirá nada sem um esforço persistente. Não há sucesso sem perseverança. Se você alcança sucesso sem ter trabalhado para isso, deveria se sentir envergonhado desse sucesso, dessa honra, dessa fama. É o processo de trabalhar duro, e não os resultados desse seu trabalho, que se torna sua glória dourada.

Tenho ensinado que as pessoas tolas são aquelas que ficam com raiva, com inveja e que vivem reclamando; isso vale para todas as idades. Olhe bem no fundo de si mesmo e examine sempre se sua mente guarda raiva, inveja ou queixas. Se tiver algum desses venenos no seu coração, é sinal de que ainda é ignorante. Deixe de ser tolo. Torne-se sábio, pois esse é o caminho para a iluminação.

Não Engane os Outros; Cultive a Humildade

Meu amado, vou lhe falar de outro tipo de pessoa tola: aquela que tem prazer em chamar a atenção sobre si e causar pânico e confusão. Esse tipo de tolo planta veneno no coração dos outros, faz com que se preocupem, procura atraí-los para o abismo da tentação, inventa mentiras, espalha boatos e engana aqueles que estão trabalhando duro no caminho da iluminação. De tempos em tempos, aparece esse tipo de tolo entre aqueles que estudam meus ensinamentos. Esses indivíduos tentam levar os outros para baixo junto com eles porque se sentem frustrados com o seu lento progresso rumo à iluminação ou porque não lhes foi dada uma posição importante dentro da organização. Eles procuram dispersar aqueles que se dedicam à disciplina espiritual e ficam tentando fazê-los se juntar às fileiras daqueles que só reclamam e resmungam.

Você precisa saber que esse tipo de atitude mental e esses pensamentos e ações estão em sintonia com a mente daqueles que habitam o Inferno. As numerosas almas perdidas do Inferno não buscam se salvar, mas aumentar o número de infelizes como elas. Querem aliviar seu sofrimento fazendo os outros sofrerem também, tentando iludi-los do mesmo modo como foram iludidas ou arrastando-os para as ciladas do desejo. Quem age dessa forma nunca terá paz em seu coração. Evite tornar-se assim. Não use os outros para diminuir o próprio sofrimento. Não procure seduzir alguém para o seu lado. Não fique reclamando ou se queixando com os outros. Seu sofrimento deve ficar apenas com você e ninguém mais; você precisa enfrentá-lo sozinho. Resolva seus problemas dentro do seu coração. Nunca tente justificar ou racionalizar seus pensamentos e ações incorretas formando uma facção com outras pessoas.

As pessoas mais ignorantes da face da Terra são aquelas que procuram desencaminhar os que se dedicam ao caminho da iluminação. Elas acham que estão certas e que são espertas, mas na verdade não percebem que são tolas. Tais pessoas estão distorcendo os ensinamentos de Buda com base nos próprios conhecimentos limitados. Tentam explicar suas in-

sidiosas ideias de uma maneira que atenda somente aos próprios interesses. Esse comportamento abre para elas uma estrada em direção ao Inferno. Os que são sábios compreendem como é grande o pecado de pensar assim. Aqueles que seguem e aprendem as Leis da Verdade nunca devem distorcer os ensinamentos, difundir noções incorretas ou tentar convencer outras pessoas a segui-los para provar que seus pensamentos e ações incorretas estão certos. Você, meu sábio discípulo, deve saber que por trás desse tipo de pensamento está a ambição, espreitando aqueles que pensam desse modo e cobiçam a autoridade e a veneração que veem naqueles que pregam corretamente as Leis.

Meu amado, cada pessoa tem suas capacidades. Você precisa alcançar certo nível para se tornar um verdadeiro mestre. Aqueles que no eterno processo de reencarnação vêm refinando sua alma continuamente e por isso conseguiram grandes feitos devem seguir à frente dos demais e liderar os que vêm atrás. Mas aqueles que são mental ou espiritualmente menos desenvolvidos ou que ainda têm muito a aprender devem seguir a orientação de um mestre. Não importa a idade, as pessoas estão sempre em estágios diferentes de progresso espiritual. Para aprender bem, você precisa saber seu lugar. Para obter maior conhecimento, precisa ser humilde. Para alcançar maior iluminação, precisa saber se controlar bem.

Não Tenha Medo da Solidão; Acolha o Tempo da Solidão

Meu amado discípulo, para seguir pelo caminho da iluminação você precisa de uma mente inabalável. Prepare-se para aguentar essa longa jornada sozinho e enfrentar a solidão. Desenvolva sua capacidade de suportar essa dificuldade, pois ela é a chave da vitória na vida. Você terá de resistir à solidão antes de poder alcançar o verdadeiro sucesso. Um tempo de alegria poderá vir mais tarde, mas o sucesso é sempre precedido por um período de solidão. A maneira de você viver esse período determinará seu sucesso.

Às vezes, o período de solidão é curto; outras, pode se estender bastante e durar até dez ou vinte anos. Mas você não deve temer a solidão; não se esqueça de que em períodos de solidão Buda está sempre do seu lado. Quando você estiver sentado sozinho, lembre-se de que o Ser Supremo estará sentado ao seu lado. Você não está sozinho. O tempo de solidão não vem até você só para lhe trazer solidão, mas para treinar sua alma. Nesses períodos, você terá uma grande oportunidade para desenvolvê-la. Sua alma estará prestes a emitir luz. A luz estará prestes a brilhar das profundezas da sua alma.

Não tenha medo da solidão, pois suportar essa fase o encorajará a se tornar uma pessoa autêntica. As pessoas, sobretudo os jovens, não devem procurar somente a alegria ou uma vida jovial. Não devem ficar desejando apenas a atenção e o elogio dos outros. Precisam encarar alguma coisa que as mantenha melhorando por toda a eternidade, assumir algo que irá nutri-las eternamente. No momento em que tomarem posse disso, passarão por uma grande transformação. Não serão mais os mesmos, e terão uma mudança radical. Então, encontrarão uma época divina, um momento divino e o ser divino. Você só se torna de fato valente depois de superar a solidão.

Não Seja Impaciente; Trilhe Seu Caminho com Tranquilidade

Sempre ensinei às pessoas a se livrarem de seus apegos. E, dentre eles, o que tem maior poder de impedir o sucesso é o apego ao tempo, chamado de impaciência. As pessoas sofrem bastante com esse tipo de apego. Caem sempre nas armadilhas criadas pelas ilusões desse apego. Estão a toda hora prisioneiras dele. Você já refletiu alguma vez sobre a natureza da impaciência? Ela nasce do desejo de ver resultados logo; é criada pelo desejo de alcançar resultados e uma meta mesmo sem ter feito esforços suficientes. A impaciência é um inimigo da vida. Aqueles que caminham em silêncio viajarão mais longe. Quem viaja em silêncio consegue percorrer grandes distâncias. Mas quem fica soando seus sinos e batendo seus tambores não irá muito longe em seu trajeto, pois esses sons festivos atraem muita gente, que vai querer falar com o viajante. E este, então, se envolve nas conversas e esquece o propósito original da sua jornada. Portanto, se quiser ir rápido em sua viagem, siga em silêncio. Se seu destino está longe, siga com presteza, mas em silêncio e em profunda reflexão. Não se apresse. Não corra.

Meu amado, grave essas palavras bem no fundo do coração. Toda vez na vida que sentir sua mente vacilar, pergunte-se se não é a impaciência que está causando dificuldades, preocupações, incertezas. Nessas horas, respire fundo e observe se está se sentindo impaciente. Por que estou com essa pressa toda? Por que estou correndo?

Ao refletir sobre essas questões, você compreenderá que sua impaciência não tem uma base sólida; não há absolutamente nenhum motivo real para ficar preocupado. Em geral, não há uma razão verdadeira para se mover de modo afobado. Na maioria das vezes, a atitude de pressa é causada por sombras do medo. Ao avançar em sua jornada, você pode sentir uma vaga ansiedade de que alguma coisa terrível possa lhe acontecer no futuro. A raiz da pressa é o medo de que algo ruim possa surgir à sua frente.

Meu amado, reflita profundamente sobre sua missão e o propósito da sua vida. Então, compreenderá que não nasceu na Terra para vivê-la o mais rápido possível. Se você passa correndo pela vida, nunca será capaz de saboreá-la. Na realidade, não é importante alcançar os picos mais altos do sucesso terreno. Não tenha receio de viver sem grandes lances e ter uma vida comum. Não se deixe influenciar por tendências passageiras. Não ceda às ideias comumente aceitas neste mundo nem permita que as opiniões dos outros o perturbem.

Quem segue o caminho deve fazê-lo em silêncio. Não deixe que os outros consigam ouvir o barulho dos seus passos. Você não precisa contar aos outros que está partindo para uma longa jornada. Não deixe que os outros fiquem sabendo, senão alguns podem tentar detê-lo, não por mal, até mesmo com as melhores das intenções. Só que então eles virão, um após o outro, aconselhá-lo a não ir, por causa dos perigos que a jornada pode envolver. Não se deixe dispersar, mesmo por aqueles que dizem amá-lo muito.

3

Sucesso no Caminho da Iluminação

À medida que percorrer o caminho da iluminação, em algum ponto você se sentirá atraído com muita intensidade para o sucesso. É provável que venha desejando esse sucesso todos os dias. Mas talvez tenha pensado também em seu verdadeiro significado. A definição do sucesso costuma ser diferente daquela que você vislumbra. O sucesso pode estar bem mais perto do que você imaginou. Não há uma definição padrão do sucesso, mas vou falar agora das condições que você deve ter em mente ao trabalhar para alcançar o verdadeiro sucesso.

O Sucesso Requer um Coração Pacífico

Se o sucesso perturbar seu coração, não se trata de sucesso de verdade. A primeira condição do sucesso é que seu coração permaneça em paz, sereno e livre de apegos. Se o seu sucesso o torna cada vez mais apegado aos desejos mundanos, então ele não é genuíno. O verdadeiro sucesso torna a mente mais pacífica e serena. Isso traz riqueza à sua mente e o leva a pensar e ter atenção com outras pessoas. O seu sucesso só será verdadeiro se você sentir serenidade, riqueza e compaixão.

O Sucesso Não Desperta Inveja

Se no processo de alcançar o sucesso você criou conflito e brigas ou despertou ressentimentos e inveja, então não se trata de sucesso de verdade. Portanto, a segunda condição do sucesso é não despertar inveja. Nunca houve uma única pessoa que tenha alcançado o verdadeiro sucesso e ao mesmo tempo tenha despertado inveja em outras pessoas. Alguns que parecem ter encontrado o sucesso acabam caindo no abismo da ruína, e a razão é que ao longo do processo despertaram inveja em alguém. Se isso ocorreu com você, significa que obteve seu sucesso atropelando os outros, apoiando-se nos ombros dos demais ou fazendo outras pessoas carregarem os fardos mais pesados.

Quando o propósito do seu sucesso é ajudar a aliviar o fardo de outras pessoas, trazer-lhes maior conforto e dar-lhes felicidade, então seu sucesso jamais despertará inveja ou ressentimento. Mas, se uma só pessoa invejar seu sucesso, então saiba que lhe faltou virtude. E o que significa isso? Significa que seu sucesso levou outras pessoas a acharem que sofreram alguma perda ou que seu sucesso não foi merecido. Elas não aprovam o seu sucesso. Não é esse o tipo de sucesso que você deve perseguir. O verdadeiro sucesso é naturalmente apoiado e sustentado por todos à sua volta. Não é algo que você possa conquistar indo atrás apenas da sua ambição individual; ao contrário, emerge naturalmente quando se pratica a virtude e se segue o caminho espiritual com dedicação. O verdadeiro sucesso faz com que todos à sua volta se sintam gratos; cria um sentimento geral de gratidão.

O Sucesso Tem a Fragrância da Iluminação

Agora vou compartilhar a terceira condição do sucesso. Além de manter uma paz mental e uma atitude que não desperte inveja nos outros, você precisa aumentar o brilho de sua alma à medida que obtém sucesso. Entendeu o que quero dizer com isso? Significa que você deve carregar uma fragrância da iluminação, exalar um aroma da iluminação.

Mas não se obtém a fragrância da iluminação simplesmente desejando isso. Não se pode tê-la tentando agarrá-la. Você pode obtê-la quando não está procurando por ela; pode ganhá-la sem estar desejando isso. É como uma borboleta: quando você tenta caçá-la com a rede, ela escapa e voa mais alto, mas quando você fica quieto e espera tranquilo, ela desce e pousa no seu ombro. A iluminação também vem assim, de modo natural e independente do seu desejo. Sua suave fragrância enriquece seu coração e o daqueles à sua volta.

A iluminação não existe em um mundo fora da sua vida cotidiana nem fora das suas experiências habituais. Ao contrário, você pode encontrar indícios da iluminação na sua vida comum, e consiste em pequenas descobertas feitas a cada dia.

O que significa isso? Você faz essas descobertas quando, no meio das atividades normais do seu dia a dia, de repente se lembra da música que tocou seu coração quando estava no Mundo Espiritual. E qual é a música do Céu? É o seu afeto pelos outros, é se sentir feliz com a felicidade de outras pessoas, e é a satisfação que surge quando você se livra de seus desejos intensos. É também um coração que busca harmonia, cooperação e que cria situações em que um alimenta o outro. É um coração não egoísta, que quer mais do que apenas a própria felicidade e a satisfação de seus desejos egoístas. É um coração puro, cheio de sentimentos infinitamente transparentes, bons e afetuosos.

Esse é o mundo celestial. Lembre-se do mundo celestial todo dia, enquanto leva sua vida aqui embaixo. Visualize o mundo celestial em seu coração todos os dias. Viva cada dia com uma imagem desse mundo pacífico em seu coração, o tempo todo. Isso vai lhe permitir controlar a mente; sua mente não será mais sua inimiga, e sim sua aliada, e vai obedecer a todas as suas ordens e servi-lo como uma força muito importante.

O Sucesso É Fruto da Paciência e da Perseverança

Eu lhe disse como alcançar no decorrer da sua vida cotidiana essa terceira condição do sucesso, a fragrância da iluminação. É esse aspecto que torna a paciência tão importante. Talvez ela não tenha um papel tão importante nos dias excepcionais de uma vida extraordinária, mas é preciso ter muita paciência para continuar vivendo um dia comum após o outro. Uma vida comum requer uma paciência extraordinária. É uma tarefa muito desafiadora e difícil levar uma vida comum e ao mesmo tempo ter acesso às suas memórias do Mundo Espiritual, tentando torná-las realidade. Mas perseverar nesses esforços irá levá-lo a progredir eternamente.

É quase impossível alcançar a iluminação em um instante. É difícil fazer um grande progresso espiritual de uma vez. A chave para inaugurar um futuro brilhante é dar um passo à frente todo dia, um dia depois do outro. Mesmo que não consiga ler um livro inteiro, que só consiga ler uma única linha por dia, você fará avanços se continuar seus esforços diariamente.

Você precisa ser perseverante para alcançar o sucesso. O sucesso que você obtém com base na perseverança não despertará inveja, pois as pessoas vão respeitar todo o esforço que você fez para alcançá-lo. O sucesso conquistado por meio de um esforço contínuo sempre tem o brilho da virtude. A virtude é um antídoto que pode apagar completamente o ciúme e a inveja da mente dos outros. Para ser de fato bem-sucedido você precisa adquirir virtude por meio da perseverança; seus esforços com certeza serão recompensados. Você receberá ainda mais do que esperava, e os outros também receberão as bênçãos de sua virtude.

Pensamentos do Mestre Okawa

Os Fundamentos dos Ensinamentos do Buda Shakyamuni

Considerando que o Buda Shakyamuni viveu há cerca de 2.500 anos, é verdadeiramente incrível que ele tenha exposto uma filosofia tão refinada e elevada, ensinada ainda hoje. Um dos ensinamentos fundamentais do Buda Shakyamuni é que, ao viver neste mundo material, cada um de nós deve encontrar seu verdadeiro eu, o eu espiritual que reside no outro mundo. Ele ensinou que o objetivo da meditação é lembrar como era no Mundo Celestial. Ensinou também que devemos ponderar sobre nosso modo de pensar e agir, para podermos viver uma vida melhor – mais de acordo com a Verdade.

Esses foram os alicerces daquilo que Shakyamuni pregou por 45 anos. Sua doutrina era tão rica e diversificada que, segundo alguns, ele transmitiu 84 mil ensinamentos diferentes. No entanto, os principais pontos podem ser resumidos nos seguintes cinco pilares.

Primeiro Pilar: A Relação entre Este Mundo e o Outro

O primeiro pilar é a relação entre o mundo espiritual e o mundo físico em que vivemos. O Buda Shakyamuni ensinou que os seres humanos têm vida eterna e que residem no mundo espiritual antes de nascer e depois de morrer. O mundo tridimensional é simplesmente um reflexo do mundo espiritual, e foi criado pela vontade do Buda Primordial (Deus Primordial). Portanto, o mundo material em que vivemos é como uma sombra do mundo espiritual. A maioria das pessoas vive na ilusão de que esse mundo de sombras, essa morada temporária, é o único que existe, então se apega a ele com desespero, o que as torna infelizes. Podemos nos libertar dessa angústia lembrando-nos do outro mundo, do qual todos viemos. Com isso, seremos capazes de descartar os apegos ao nosso eu material e encontrar o verdadeiro eu. É desse modo que podemos nos livrar dos sofrimentos do nascimento, do envelhecimento e da doença. Tudo o que restará à nossa frente será um mundo de alegria, conforme nos tornemos deslumbrantes manifestações de luz. Este é o primeiro pilar dos ensinamentos de Buda Shakyamuni; pode-se pensar nele como a sua teoria do espaço.

Segundo Pilar: A Lei de Causa e Efeito

O segundo pilar dos ensinamentos do Buda Shakyamuni é sua teoria do tempo. A chave deste pilar é seu conceito de causalidade temporal: a lei de causa e efeito, que atua tanto no nosso mundo como no outro. Shakyamuni ensinou que existe uma causa para cada efeito e que, se você quer mudar o efeito, precisa mudar a causa. A relação entre causa e efeito é o que vincula os eventos, conecta as pessoas e dá origem a tudo no universo. Os seres humanos estão sujeitos à lei da reencarnação no eterno fluxo do tempo, e esse ciclo de nascimento é também governado pela lei de causa e efeito.

As tendências da sua alma e do ambiente onde você nasceu foram determinadas por seus pensamentos e ações em uma existência passada. Do mesmo modo, o mundo ao qual você irá retornar e o tipo de vida que terá na próxima existência dependem do que você vive na presente existência. Em outras palavras: você tem assegurada uma vida gloriosa na próxima existência se tiver levado uma vida virtuosa nesta. Se quiser romper o círculo vicioso de um destino que parece ir contra você, não terá outra opção a não ser fazer esforços diligentes para reconstruir sua vida presente. É isso o que a emancipação realmente significa.

A iluminação é a descoberta do nosso verdadeiro eu; aquele eu adamantino e que não é abalado pelos caprichos do destino. Além disso, se alcançamos o estágio de *tathagata* por meio da iluminação, podemos nos libertar das algemas da reencarnação governada pela lei da causalidade. Nesse ponto, tornamo-nos capazes de nascer voluntariamente neste mundo. Esse é o segundo pilar da filosofia do Buda Shakyamuni.

Terceiro Pilar: Os Oito Corretos Caminhos

O terceiro pilar dos ensinamentos de Shakyamuni são Os Oito Corretos Caminhos, um caminho para a perfeição humana que mede nosso desenvolvimento espiritual. Assim que nós, seres humanos, nascemos neste mundo, esquecemos tudo sobre o outro. Como a maior parte de nosso conhecimento acumulado continua oculta no subconsciente, precisamos depender de nossa limitada consciência superficial para vivermos neste planeta. Temos muita informação armazenada na consciência mais profunda, que existe no outro mundo, mas a única maneira de termos uma noção dessa informação é prestando atenção às inspirações que recebemos e aos padrões de pensamento e ação que refletem as tendências da nossa alma.

Desejos mundanos, nascidos de nossos valores materialistas, separam a consciência superficial do nosso subconsciente. Os desejos mundanos são funções mentais negativas, formadas desde o nascimento em razão de distorções no ambiente, na educação, nos pensamentos, nas crenças, nos hábitos e nas ações. Devemos nos livrar deles para encontrar o verdadeiro eu e recuperar 100% das nossas capacidades latentes. Para isso, precisamos fazer uma reflexão da nossa vida desde a infância até o dia presente, encontrar as causas da desarmonia em nossa mente e nos arrepender dos nossos erros, um por um. Os critérios que devemos usar para essa introspecção estão expostos nos Oito Corretos Caminhos, que consistem em Correta Visão, Correto Pensamento, Correta Expressão, Correta Ação, Correta Vida, Correta Dedicação, Correta Mentalização e Correta Meditação.

1 • Pergunte-se se você viu corretamente os acontecimentos de sua vida e as pessoas com as quais teve contato do ponto de vista da fé. (Correta Visão)

2 • Pergunte-se se teve pensamentos corretos. Examine se seus pensamentos foram puros e claros, ou desordenados, caóticos e impuros. Você sentiria vergonha se seus pensamentos pudessem ser vistos pelas outras pessoas, como se estivessem em uma caixa transparente? (Correto Pensamento).

3 • Pergunte-se se a sua fala foi correta. A maior parte do nosso sofrimento é causada por comentários feitos sem o menor tato e por palavras negativas dos outros ou nossas. Verifique se você se expressou com as palavras certas. (Correta Expressão)

4 • Você agiu corretamente e se dedicou ao seu trabalho? Sua ocupação é sua missão, dada pelo Buda, e constitui um serviço de gratidão. Você está realmente cumprindo seu chamado? (Correta Ação)

5 • Você tem vivido corretamente? Considera sua vida neste mundo um treinamento espiritual? Vive cada dia plenamente, como se fosse o último da sua vida? Tem vivido em harmonia, apoiando-se nas Verdades como alimento para sua alma? (Correta Vida)

6 • Você tem feito os esforços corretos? Tem andado pelo caminho correto como um filho do Buda? Tem estudado a Verdade e se esforçado para melhorar? (Correta Dedicação)

7 • Você tem sido capaz de fazer um plano adequado para sua vida? Faz suas orações ao Buda corretamente? Esforça-se sempre para conseguir autorrealizações das quais não se sentiria

envergonhado mesmo que tivesse de apresentá-las diretamente ao Buda? (Correta Mentalização)

8 • Por fim, você reservou um tempo para a correta meditação? A verdadeira meta da meditação não é esvaziar sua mente, mas receber do Céu a Luz do Buda e a orientação do seu espírito guardião e dos seus espíritos guias. Essa é uma forma de estudo indispensável para todos os buscadores da Verdade (Correta Meditação).

Os Oito Corretos Caminhos são o terceiro pilar dos ensinamentos de Shakyamuni. Ele ensinou seus seguidores a refletirem sobre seu passado com base nos Oito Corretos Caminhos, a fim de que pudessem construir um futuro brilhante.

Quarto Pilar: As Seis Paramitas ou Seis Perfeições

O quarto pilar dos ensinamentos de Shakyamuni é sua filosofia das Seis Paramitas, ou Seis Perfeições.[6] As Seis Paramitas são ensinamentos que desenvolvem o eu e ao mesmo tempo melhoram as relações com os outros. Shakyamuni ensinou que podemos alcançar a iluminação ao conseguirmos essas seis perfeições. Os ensinamentos de Shakyamuni das Seis Paramitas são os seguintes:

1 • **Dana Paramita**

É a perfeição por meio da prática da oferenda, que é uma expressão de misericórdia. Indica um estado mental em que se deseja salvar os outros por meio da caridade material e espiritual. Esta ideia corresponde ao ensinamento cristão do amor.

---

6. A palavra sânscrita "parami" significa sabedoria inerente, enquanto "ta" refere-se à maneira como essa sabedoria flui.

2 • **Sila Paramita**

Esta é a perfeição de observar os cinco preceitos: não matar, não roubar, não cometer adultério, não falar com falsidade e não beber a ponto de arruinar sua vida.

3 • **Ksanti Paramita**

Esta é a perfeição da perseverança. Para se qualificar como um buscador da Verdade, você não deve reagir à raiva das outras pessoas, nem ficar com raiva delas se lhe disserem ou fizerem coisas ofensivas. Mesmo que tenha uma boa razão para ficar alterado, ao permitir a entrada desse veneno você se sintoniza com as vibrações do Inferno. Procure permanecer calmo e deixar a raiva passar, pois assim as calúnias, o ciúme e a raiva simplesmente irão bater e voltar para a pessoa que as abrigou e as lançou no seu caminho. Essa é a lei da causa e efeito.

4 • **Virya Paramita**

Esta é a perfeição do esforço e da dedicação. Para compreender e se apoderar das Verdades, os buscadores devem trabalhar de modo dedicado, todos os dias.

5 • **Dhyana Paramita**

Esta é a perfeição da meditação, e tem por objetivo entrar em comunhão com os espíritos elevados do outro mundo.

6 • **Prajna Paramita**

Esta é a perfeição da sabedoria, que significa obter uma profunda compreensão por meio do estudo e da prática dos ensinamentos de Shakyamuni. No mundo espiritual, o espírito de Shakyamuni projeta a luz dourada da sabedoria. Ele é o Grande Espírito Guia de Luz, cuja missão é expor de forma compreensível e completa a estrutura e o sistema das Leis. Ele detém a chave do reservatório de sabedoria no mundo espiritual.

Os ensinamentos das Seis Paramitas são semelhantes aos Oito Corretos Caminhos, e em alguns pontos ambos se sobrepõem. Algumas pessoas acreditam que os Oito Corretos Caminhos são preceitos do Budismo Teravada, enquanto as Seis Paramitas são transmitidas principalmente pelo Budismo Mahayana. Mas ambos correspondem simplesmente a diferentes níveis de iluminação. Enquanto os Oito Corretos Caminhos eram um método de treinamento para *arhats*, ou seja, aqueles que estão prestes a se tornar *bodhisattvas*, as Seis Paramitas são práticas que ajudam os *bodhisattvas* a se tornarem *tathagatas*. Você não pode se tornar um *bodhisattva* sem uma compreensão do conceito de caridade ou de dar amor aos outros, e não pode se tornar um *tathagata* sem ter despertado para a sabedoria. Tanto o amor como a sabedoria são necessários para se tornar um *tathagata*.

Quinto Pilar: O Conceito de Vazio

O quinto pilar dos ensinamentos de Shakyamuni é a ideia de vazio ou vacuidade (*shunyata* em sânscrito), que vem sendo tema de discussão há mais de 2 mil anos. Qual o sentido da famosa expressão budista "Matéria é vazio – vazio é matéria"? Para entender isso, você precisa entender que a Luz Divina promove criação e destruição por meio dos processos de condensação e difusão.

Todos os objetos materiais neste mundo são feitos de partículas condensadas de Luz Divina, que assumem certas formas de acordo com a vontade ou intenção de sua energia espiritual. Os objetos materiais deste mundo são feitos de partículas, formadas por moléculas, que são criadas por átomos, os quais aparecem quando os fótons se reúnem para um propósito em particular.

Como os prótons são energia concentrada criada pela Vontade Divina, se a Sua vontade desaparecesse, esses fótons deixariam de existir. Isso significa que tudo – inclusive tudo o que tem existência na terceira dimensão, na quarta dimensão e em dimensões mais elevadas – deixaria de existir no momento em que essa Vontade parasse de querer que existíssemos. Esse é o verdadeiro sentido do seu ensinamento "Matéria é vazio – vazio é matéria", o conceito de vacuidade transmitido pelo Buda Shakyamuni.

Buda Shakyamuni Integrou Valores Diversos

O Buda Shakyamuni nunca teria ficado muito satisfeito em se ocupar apenas de questões práticas. Mas, examinando o caminho que tomou como líder espiritual, podemos ver claramente que foi dotado de uma inteligência prática excepcional. Ele formou um *sangha* – uma comunidade autogovernada de monges e monjas. Mais ou menos da mesma maneira que os governos aprovam leis, Shakyamuni definiu vários preceitos para manter a ordem entre seus seguidores. Criou um sistema quase judicial, que funcionou como um tribunal ou conselho interno do *sangha* e estabeleceu preceitos para guiar esse sistema. Construiu templos em diferentes regiões para atuarem como bases de atividades diversas, e também cuidou de sua administração. Recebeu oferendas de reis e recrutou seguidores poderosos entre os leigos. Esses fatos históricos demonstram o quanto Shakyamuni era hábil em lidar com afazeres práticos. Ele com certeza era capacitado demais para gastar seus dias em Shakya, um pequeno país dos dezesseis que compunham a Índia naquele tempo. Esse homem talentoso fundou o "budismo", uma religião que é ativa até hoje.

Shakyamuni corporificou e integrou duas características extremas: era muito rigoroso, mas também muito tolerante. Era muito racional e lógico e também tinha um lado sentimental; era muito sensível aos sentimentos dos outros, e o fato de valorizar a compaixão reflete essa sensibilidade. Além disso, tinha uma mente muito inteligente, prática, mas também desenvolveu *insights* místicos.

Shakyamuni com certeza era um filósofo, e seus ensinamentos são difíceis de entender por completo. Ele mergulhou nas verdades do mundo espiritual muito mais fundo do que qualquer outro filósofo, e ensinou o verdadeiro sentido da felicidade e da infelicidade do ponto de vista espiritual.

Como seu fundador, o budismo é uma fusão de racionalidade e misticismo, e ao reviver isso nos tempos modernos devemos incorporar essas duas orientações. O verdadeiro budismo busca construir um mundo onde as pessoas com fé pura possam abrir caminho para o futuro por meio do trabalho dedicado e conscientes dos mistérios do grande universo, criado pelo Buda Primordial (Deus Primordial). O budismo deve ensinar que construir um mundo assim dará origem à sociedade ideal.

Capítulo Três

Moisés

A Retidão Deve Prevalecer

A Vida de Moisés

A Infância de Moisés

Há muito tempo, quando Deus decidiu iniciar a criação do Seu reino na Terra, Ele enviou Moisés, um grande líder da nona dimensão do Mundo Espiritual, ao Egito. Moisés nasceu entre os escravos hebreus. Logo após o nascimento, porém, foi deixado à deriva num cesto de bambu no rio Nilo. Felizmente, a filha do faraó encontrou-o e levou-o ao palácio, onde o criou e educou em estudos acadêmicos e artes militares. Moisés sofreu um grande golpe quando, aos dezoito anos, descobriu a verdade sobre seus pais. Ele não conseguia aceitar a ideia de que, se a sorte não tivesse estado do seu lado, teria sido mais um dos inúmeros escravos sofridos que trabalhavam na construção da cidade de Ramsés, erguida para celebrar Ramsés II (1292-1225 a.C.). Por muitos anos, Moisés dedicou-se aos estudos e aguardou pacientemente pelo dia em que seria capaz de libertar seu povo.

Aos 27 anos, Moisés teve uma experiência inesquecível. Estava nos campos pastoreando ovelhas quando de repente viu uma coluna de fogo à distância. Ao se aproximar, ouviu uma voz que dizia: "Eu sou o que sou.[7] Eu existia antes de tudo". Mas, posteriormente, também ouviu uma outra voz afirmando:

> *Eu sou o Deus de Abraão, o Deus de Isaac, o Deus de Jacó-Israel. Eu sou o Senhor de todos os exércitos; Eu sou Yaveh. Salve meu povo no Egito. Ouça os lamentos do meu povo. Moisés, liberte meu povo, liberte-o e leve-o embora do Egito, para a terra onde são abundantes o leite e o mel. Leve-o a Canaã e construa a nação de Israel. Para isso o escolhi.*

---

7. Expliquei certa vez, durante uma palestra no Havaí, que foi El Cantare que disse a Moisés "Eu sou o que sou".

O Êxodo

Quando Moisés tinha 35 anos, ou seja, dezessete anos após ter tido notícia de seus pais naturais, surgiu a oportunidade de liderar seu povo na fuga do Egito. O êxodo foi uma espécie de golpe de Estado contra o faraó Merneptah (1225-1215 a.C.). O exército rebelde de Moisés ficava mais forte à medida que mais escravos eram libertados. Em pouco tempo, o número de homens aptos no exército de Moisés chegou a 600 mil, mas Moisés não queria lutar contra o faraó. Seu único intento era guiar o povo hebreu em sua fuga do Egito e na fundação de seu próprio reino. Portanto, para evitar tumultos, Moisés reuniu seu povo e iniciou o Êxodo do Egito.

Guiado pela voz de Yaveh, que às vezes é também chamado de Jeová, Moisés levou 2 milhões de homens, mulheres e crianças embora do Egito. No entanto, assim que chegaram ao mar Vermelho, viram que o exército do faraó estava em sua perseguição, disposto a tudo. Então, Moisés ergueu um altar junto ao mar e rezou para Yaveh: "Ó meu Senhor, eu tirei do Egito a nação dos hebreus, como o senhor ordenou, mas nosso avanço está bloqueado pelo mar, e o exército do rei está em nosso encalço. Não temos para onde nos voltar, e não tenho navios para carregar nosso povo. Se eu lutar contra o exército do faraó, muitas pessoas do nosso povo serão mortas ou feridas. Por favor, Ó Senhor dos exércitos, salve-nos dos nossos inimigos".

Yaveh respondeu: "Moisés, por que estás com medo? Não há nada neste mundo que eu não controle. O vento, as árvores, as montanhas, os rios e o céu, estão todos sob o meu comando. Onde está esse mar que você teme? Em prol do meu povo, vou afastar suas águas". Diz a história que, nem bem Yaveh havia pronunciado essas palavras, um fenômeno inacreditável teve lugar diante dos olhos de Moisés e dos hebreus: 2 quilômetros de mar se separaram, abrindo um caminho de 20 metros de largura que atravessava o leito marinho. As águas retrocederam a uma altura de 15 metros de cada lado e depois caíram para trás como se um muro invisível estivesse mantendo os dois lados separados. Aqui e ali, ao longo do caminho recém-formado, peixes vermelhos e azuis de vários tamanhos saltavam desvalidos no leito marinho. "Apressem-se!", gritava Moisés, e o povo hebreu avançava correndo. Assim que alcançaram a outra margem, as paredes do mar vieram abaixo com estrondo. Parte do exército do faraó voltou correndo para a praia: o resto se afogou.

Mais tarde, no alto do monte Sinai, Yaveh apareceu diante de Moisés e revelou-lhe os Dez Mandamentos:

1. *Não terás outros deuses diante de mim.*
2. *Não farás para ti nenhum ídolo.*
3. *Não tomarás o nome do Senhor teu Deus em vão.*
4. *Lembra-te do dia do sábado, para o santificar.*
5. *Honra a teu pai e a tua mãe.*
6. *Não matarás.*
7. *Não cometerás adultério.*
8. *Não furtarás.*
9. *Não dirás falso testemunho contra o teu próximo.*
10. *Não cobiçarás a casa do teu próximo.*

Os quatro primeiros mandamentos são religiosos, o quinto é moral, e do sexto ao décimo são preceitos éticos e legais. Os Dez Mandamentos têm causado muita influência em todo o mundo. O monoteísmo começou com a emergência dos Dez Mandamentos, e é por causa deles que tantas pessoas acreditam em um Deus único, pessoal, que provê leis divinas para criar ordem social.

O deus que os israelitas chamavam de Yaveh era na realidade Enlil, um espírito do Mundo Celestial. Foi esse deus étnico Enlil que ordenou a Moisés que construísse a nação de Israel.

Mas foi Elohim (também conhecido como El), um deus que havia sido adorado por todo o Oriente Médio desde os tempos antigos, que disse a Moisés: "Eu sou o que sou". Aí teve início a confusão entre Enlil e El, o Ser Supremo que nós agora conhecemos como El Cantare. Foi essa confusão entre deuses diferentes que originou a história de isolamento de Israel, as guerras ferozes e os 3 mil anos de perseguições. Foi triste que o dom espiritual de Moisés não fosse suficiente para diferenciar o Deus Supremo, El, dos outros espíritos que falavam com ele, resultando numa tragédia tão terrível.

Mensagem Espiritual de Moisés

1

Minha Vida na Terra

O Relato do Êxodo por Moisés

Nasci às margens do rio Nilo, no Egito, de pais hebreus, que me colocaram rio abaixo numa cesta. Por obra do destino, fui encontrado por alguém que me criou num palácio real. Minha infância foi similar à do Buda Shakyamuni, e, como ele, fui me tornando aos poucos mais consciente das disparidades entre a vida luxuosa dos palácios e a vida do povo oprimido.

Sempre tive forte senso de justiça. Acreditava que o que é certo é sempre certo e que a justiça de Deus e a retidão devem sempre prevalecer. Tinha dezoito anos quando descobri a respeito dos meus pais naturais. Essa notícia me fez refletir; perguntei a mim mesmo se a justiça de Deus e a retidão estavam sendo cumpridas em nossa terra.

Não podia acreditar que Deus permitisse tal disparidade entre as pessoas que viviam no palácio e as que estavam sendo oprimidas. Decidi naquele dia que iria tomar posição e salvar meu povo. Esperei pacientemente até que chegasse o tempo certo e, enquanto isso, dediquei-me ao estudo, à leitura e às artes militares.

Quando chegou o dia, comecei a pregar aos oprimidos. Disse-lhes que o sangue deles também corria em minhas veias. Eu era um deles, mesmo que o destino tivesse me levado a ser criado no palácio com status real. Disse-lhes que devíamos pedir ao faraó que os libertasse, para que tivessem a oportunidade de viver em alegria e paz. À medida que eu circulava pregando ao povo, meus seguidores aumentaram.

Falei com as pessoas no palácio e debati o assunto com elas, correndo o risco de fazer inimigos ao desafiar suas suposições confortáveis. No final, minha opinião não foi aceita. Eles eram meramente humanos, e não queriam abrir mão dos escravos, que consideravam sua posse. Voltei aos hebreus e contei-lhes que o Egito pertencia ao faraó, que o povo dele tinha seu próprio estilo de vida, e que não havia necessidade de destruirmos a vida deles em prol da nossa felicidade. Em vez disso, deveríamos ir embora do Egito e viajar à procura de uma terra nossa, onde pudéssemos plantar nossas esperanças. Não podíamos criar nossa utopia no Egito; portanto, essa nova terra se tornaria nossa própria utopia. Disse-lhes que nosso lar, a terra de Canaã, ficava longe do Egito, mas era abundante em leite e mel. Os hebreus começaram a sonhar com essa nova terra.

Canaã realmente existia. Minha forte capacidade espiritual permitiu-me vê-la e experimentá-la. Encorajei os hebreus a acreditarem em mim. Disse-lhes que a terra de Canaã, nosso Paraíso, existia de fato e que juntos iríamos criar ali uma utopia. Disse-lhes também que era imperativo partir para a ação.

Para ajudá-los a acreditar em mim e nas coisas que lhes contava, usei toda a força das minhas capacidades espirituais. Fiz uma demonstração dessas capacidades no palácio e operei vários milagres para os hebreus, que os viram por meio de seus olhos espirituais. Certa feita, soltei um cajado da minha mão e ele se transformou em um dragão, que subiu voando aos céus. Eu era capaz de ver o futuro e de falar com espíritos sagrados e com o deus que conhecíamos na época como Jeová.

A certa altura, consegui reunir centenas de milhares de escravos de várias regiões e iniciei o êxodo para o Egito. O exército do faraó saiu em nossa perseguição, mas decidimos não revidar o ataque; apenas seguimos adiante em direção a Canaã. Assim como descrito na Bíblia Hebraica, quando chegamos ao mar Vermelho, rezei ao nosso deus: "Ó Céus, abri-vos! Ó Terra, abri-vos! Deixai-nos passar em nosso caminho para a terra de Canaã. Jeová, concedei-nos a vossa ajuda. Ajudai-nos. Ajudai-nos". Foi isso o que rezei aos Céus, à terra, e ao nosso deus.

Foi quando aconteceu. O mar Vermelho se partiu em dois. Nunca ocorrera um milagre como esse antes. Rapidamente atravessamos o caminho seco, e quando o exército do faraó saiu em nosso encalço, foi engolido pelo mar que voltava a se fechar. Desse modo, conseguimos cruzar com segurança o mar Vermelho, que não era um grande corpo de água, mas certamente foi um milagre suas águas se abrirem. Nosso deus havia planejado um lar para o povo de Israel, e criou esse caminho para ele.[8]

Os Dez Mandamentos

Fomos bem-sucedidos na fuga do Egito, mas ficamos vagando durante décadas à procura de Canaã. Muitos de nós morreram de fome na jornada. Fomos atacados, mas nos unimos e

8. Foi claramente um deus étnico que instruiu Moisés a conduzir o êxodo do Egito e criar a terra de Israel, e que prometeu a Moisés a terra de Canaã, levando-o a combater e aniquilar o povo nativo de seu destino a fim de criar a própria nação.

combatemos corajosamente nossos agressores. A certa altura, chegamos a uma montanha. Ao pé dessa montanha, recebi uma mensagem de Yaveh, e então disse ao meu povo para esperar enquanto eu subia a montanha. Ao chegar ao topo, rezei ao meu deus e recebi os Dez Mandamentos. Ele os gravou em uma tábua de pedra. Escreveu: "Não matarás. Honrarás pai e mãe. Não deves cobiçar os bens do próximo". Quando trouxe a tabuleta de pedra para o meu povo, ninguém acreditou em mim. Fiquei irado ao descobrir que estavam adorando estátuas de ouro. Ensinei-os a não adorar esses ídolos, e quando destruí suas estátuas, a tabuleta de pedra também ruiu em pedaços. Subi a montanha uma vez mais e rezei de novo ao meu deus.

Meu deus transmitiu-me de novo as revelações: "Não terás outros deuses diante de mim. Honra a teu pai e a tua mãe. Não matarás. Não cobiçarás os bens do teu próximo". Deu-me de novo os Dez Mandamentos, um após o outro.

Eu levei a nova tabuleta de volta ao meu povo, mostrei--lhes os Dez Mandamentos e disse que deveriam obedecer àqueles ensinamentos. Devo confessar, porém, que também cometi erros. Ouvi não só a voz do meu deus, mas também a de Satanás.

Havia momentos em que confundia a voz de Satanás com a do meu deus. A voz de Satanás me disse: "Moisés, você não irá satisfazer seu deus apenas com orações. Precisa também sacrificar um cordeiro e dedicar o sangue a mim. Seu deus ficará satisfeito com o seu sacrifício". Mas, é claro, nosso verdadeiro Deus não iria se satisfazer com o sangue de um cordeiro, ou com qualquer outro sacrifício. O que Deus deseja é nossa mente pura, nossa mente correta, nossa mente justa. Ele nunca iria querer o sangue de cordeiros sacrificados. Mas, infelizmente, devido ao meu erro, os rituais de sacrifício se difundiram. Esse foi um dos meus ensinamentos equivocados.

Continuamos em nossa jornada, mas nunca chegamos de fato à terra de Canaã. Vivi até bem mais de cem anos e acabei falecendo ao pé de uma montanha. Minha vida foi dedicada a guiar meu povo e tentar construir a nação de Israel. Reuni os israelitas à minha volta e fui seu guia durante décadas de perambulação. Demonstrei-lhes muitos milagres e dei-lhes os Dez Mandamentos. Tornei-me a primeira pessoa a criar uma religião monoteísta. Essa foi minha vida.

2

O Caminho da Retidão

Seja Forte, pois Deus É Forte

A justiça é o foco do meu papel no Mundo Celestial. Justiça significa fazer o que é certo, e fazer o que é certo significa seguir a razão. O fundamento da minha filosofia é minha crença de que os justos devem ser fortes.

Aqueles que são justos têm de ser fortes.
Aqueles que vivem segundo os ensinamentos de Deus têm de ser fortes.
Aqueles que expõem ensinamentos sobre a retidão têm de ser fortes.
Aqueles que vivem com retidão têm de ser fortes.
Aqueles que dizem o que é certo têm de ser fortes.
Aqueles que transmitem a Verdade como Verdade têm de ser fortes.

Precisamos viver corajosamente. Gostaria que os justos fossem mais fortes. Não devemos nunca perder o estímulo por medo da oposição. Nunca devemos ceder ao medo, ou ficar intimidados por obstáculos, tremer de receio ou sucumbir à covardia. As pessoas devem se lembrar das lutas e das dificuldades de seus predecessores, e perguntar a si mesmas se não estão vivendo ociosamente. Gostaria que vivessem com grande coragem. Quanto mais felizes as suas circunstâncias, maior seriedade devem ter para viver sua vida. Lembre a si mesmo das árduas batalhas que seus predecessores travaram e das circunstâncias difíceis que enfrentaram. Se você conta agora com circunstâncias mais afortunadas, então tem a obrigação de alcançar maiores alturas. Portanto, seja forte. Gostaria que os justos e aqueles que têm fé em Deus fossem fortes. Se descobrir fraqueza em você, então desenvolva a força por meio da reflexão.

Só posso falar com você de maneira abstrata. Não vou lhe dizer em detalhes o que deve fazer. Gostaria que tivesse uma mente inabalável. Não se deixe vencer por medo do que as pessoas possam dizer de você. Não há necessidade de provocar conflitos com as pessoas à sua volta, mas mesmo assim permaneça forte, pois os justos devem sempre viver com força. Vivi a vida com coragem e força. Você precisa de força e de paixão para difundir as Verdades. Se acredita que está certo, então use sua força de vontade para viver corajosamente.

A força vem de Deus; é parte de Sua essência. Não temos nada a temer, desde que acreditemos que Deus está do nosso lado e nos apoiando. Não me cansarei de enfatizar essas coisas: os justos têm de ser fortes, e o mundo precisa aceitar a verdade como verdade. Nunca devemos condescender com ensinamentos errados e ações erradas. Nunca devemos fazer concessões em nossas opiniões, mesmo quando formos confrontados com muitas opiniões que desafiem ou sejam conflitantes com as nossas.

Existem muitas religiões antigas, mas nunca devemos ser condescendentes com os seguidores dos velhos ensinamentos. Iremos enfrentar muitas adversidades e dificuldades e conflitos sempre que expusermos novos ensinamentos, e não devemos desistir jamais. Como Deus é forte, não precisamos ter medo de declarar fatos como fatos e de descrever o certo como certo. Um grande Deus, capaz de realizar milagres poderosos, está conosco. Portanto, temos de acreditar no poder do nosso grande Deus, pois nossa forte crença irá tornar esse poder ainda maior. O poder de Deus é tão forte quanto a nossa fé n'Ele. Quanto mais acreditarmos e quanto mais forte for nossa fé, mais a glória de Deus e Seus milagres irão se manifestar.

É tolo os seres humanos tentarem compreender a mente de Deus, pois é impossível avaliar o poder de Deus com base nas faculdades humanas da razão e do intelecto. Mil dos nossos dias é como se fossem um dia de Deus. Um enorme exército dos nossos é como uma fileira de formigas para Deus. O monte Everest não é mais que uma simples dobra em sua túnica. Para Deus, o vasto universo é apenas um cantinho de um jardim em miniatura. Esse grande Deus toma conta de nós e nos dá apoio. Somos pequenas formigas em seu jardim em miniatura. Nossa percepção do mundo é muito limitada.

Às vezes, nós, essas pequenas formigas, temos dificuldade em escolher a direção a tomar. Um montinho de areia pode nos parecer uma gigantesca montanha. Mas Deus pode remover essa montanha num instante com um toque de mão e nos oferecer uma visão panorâmica do caminho que temos à frente. A diferença entre Deus e os humanos é ainda maior que a diferença entre as formigas e nós. Não há nada neste mundo que Deus não seja capaz de fazer. Tudo é possível para Deus. Seu poder é tão grande que Ele pode criar ou destruir qualquer coisa segundo Sua vontade. Criação e destruição fazem parte da essência de Deus.

Um caminho irá se abrir para aqueles que acreditam em Deus. As possibilidades surgem para nós com base no quanto acreditamos. Se não estão ocorrendo milagres na sua vida, a razão está na fraqueza da fé. Se a sua crença é forte, sua mente estará pronta para aceitar milagres. A porta do seu coração se abre no momento em que você começa a acreditar. A energia de Deus irá brotar dentro de você na mesma medida em que você abrir sua porta.

A energia de Deus é ilimitada. É um rio torrencial de energia ilimitada. Mas não importa o quanto de energia Deus nos envie, ela não poderá alcançar-nos se nossas portas estiverem fechadas. Precisamos abrir as portas do nosso coração para permitir que a energia de Deus nos preencha. Devemos começar, portanto, com a fé.

A fé nos dará a força e a capacidade para proteger o que é certo. Diferentes pessoas têm expressado a retidão de maneiras distintas. Conforme você aprender diferentes ensinamentos, irá descobrir as diversas formas que a retidão tem assumido. Devemos lembrar, porém, que a essência da retidão nunca muda, não importa o quanto suas expressões sejam diversas. O que é certo pode ser expresso de muitas formas, mas sempre retorna a uma única fonte.

Deus vê nosso mundo como bom. Todas as diversas expressões de retidão podem ser resumidas por esta verdade última: Ele acredita que nosso mundo é bom. Essa verdade última tem sido expressa por meio dos ensinamentos do Buda Shakyamuni, dos ensinamentos de Jesus, por meio da filosofia e da arte, e de muitas outras formas. Portanto, devemos tentar descobrir a verdade imutável dentro das várias formas e modelos que a retidão assumiu. Deus vê tudo como bom; ele deseja ajudar a fazer essa bondade brilhar. Tudo é bom em sua essência, e Deus quer ajudar todos a serem bons em sua manifestação. Todo mundo é bom em essência, e Deus quer ajudar todo mundo a fazer uma boa obra neste mundo.

Preservar as Verdades para as Futuras Gerações

Todos aqueles que vivem hoje têm a missão de transmitir as Verdades por um período de mil ou até 2 mil anos. O tempo muda, as circunstâncias mudam. Mas aquilo que muda é apenas o que faz parte da própria época. Não são mudanças significativas. Aquilo que muda não é importante – mesmo que dinossauros de repente comecem a andar à nossa volta ou que de uma hora para outra nos vejamos rodeados de robôs –, nossos ensinamentos sobre a mente serão sempre os mesmos. Ao longo da história, sempre ensinamos a importância de ter um correto coração, em sintonia com o coração de Deus, e esse ensinamento se aplica à era moderna também. A mente é tudo; devemos seguir a lei correta, que unirá nossos corações a Deus. Devemos continuar a transmitir nossos ensinamentos sobre o coração de Deus.

A era moderna é cheia de conflitos religiosos porque muitas pessoas não conseguem compreender os ensinamentos originais dos fundadores de suas religiões tradicionais. Mas os conflitos entre as religiões não decorrem dos ensinamentos originais; ao contrário, eles surgem porque há falta de ensinamentos.

Algumas das pessoas que você encontra compreendem as Verdades, outras, não. Não importa quantas pessoas compreendam as Verdades, você precisa preservar os ensinamentos para as futuras gerações.

Não podemos culpar o professor quando um estudante não tira a nota máxima numa prova. Mesmo quando os professores dão o melhor de si e ensinam os estudantes da melhor maneira possível, alguns alunos têm aproveitamento de 3% e outros de 70%. Com base nos seus padrões, os primeiros alunos terão fracassado. Mas não por causa dos ensinamentos, e sim porque os estudantes não foram capazes de compreender o que lhes foi ensinado.

Às vezes, as pessoas não entendem os ensinamentos porque sua mente está sendo influenciada por Demônios. Os Demônios não foram criados como Demônios; são simplesmente pessoas que não estão vivendo em sintonia com o coração de Deus. Devido ao estado equivocado de sua mente, eles se dedicam a confundir as outras pessoas e atrapalhar nosso tra-

balho. A mente que lhes permite colocar obstáculos ao nosso progresso é aquela que vive um estado mental equivocado.

É muito raro que pessoas como eu apareçam na Terra – só surgimos em períodos cruciais da história ou em tempos de grande turbulência. Também é muito raro que falemos por meio de alguém que esteja vivendo, como faço neste exato momento. Portanto, se você tem a oportunidade de deixar como legado os mais elevados ensinamentos, é muito importante que o faça. Eu mesmo não tenho certeza de quantas pessoas irão acreditar nestas palavras que transmito hoje. Mesmo assim, é imperativo que você se esforce para levar nossos ensinamentos às futuras gerações.

Somos Fragmentos Iguais de Deus, com Diferentes Intensidades de Luz

O mundo espiritual está dividido em diversos níveis, mas a ideia de que há uma hierarquia pode ser perigosa se for levada a extremos. Não devemos deixar que essa ideia crie discriminação. Devemos sempre adotar uma maneira de pensar equilibrada, que alie nossa percepção das diferenças ao nosso compromisso com a igualdade. É importante enfatizar que todas as almas humanas são iguais. Enxergar algumas pessoas como superiores e outras como inferiores é um modo de percepção. Mas, ao mesmo tempo, somos todos filhos de Deus, e somos iguais no fato de termos todos recebido uma alma.

Cada uma das almas dos seres humanos era originalmente parte de Deus. Somos partículas de Deus. A essência de Deus é também a nossa. No início, todos ganhamos almas igualmente preciosas, que depois receberam treinamento espiritual durante incontáveis reencarnações. Ao longo de um período de tempo incomensurável, as almas desenvolveram diferentes intensidades de luz. Algumas adquiriram uma radiância maravilhosa; outras, um resplendor sombrio; e outras ainda não obtiveram luz alguma. Todas são iguais, mas o processo de reencarnação nos deu quantidades de luz diferentes.

Quando falamos de bodhisattvas *ou anjos e de* tathagatas *ou arcanjos, e quando dizemos que uma alma é do Mundo dos Bondosos, estamos apenas descrevendo esses diversos graus de luz. Mas isso não significa que exista alguma diferença na substância das almas. Cada uma tem potencial para se tornar um* bodhisattva*, ou anjo, ou um* tathagata*, ou arcanjo, se passar pelo treinamento espiritual adequado. Portanto, embora as almas sejam iguais, podemos descrevê-las em termos das diferenças na intensidade de luz que irradiam.*

Também podemos descrever a nós mesmos em termos da obra espiritual pela qual somos responsáveis. Cada pessoa desenvolve elementos diferentes de sua alma. Por exemplo, a capacidade de cumprir a missão de Deus é especialmente desenvolvida em mim, enquanto outras pessoas escolheram desenvolver uma faceta diferente da sua alma. Nossas diferentes responsabilidades são todas importantes; por isso, embora cada um tenha desenvolvido sua alma de maneira distinta, as almas ainda são iguais.

Almas diferentes alcançam níveis diferentes, mas não existe uma hierarquia de fato; a oitava dimensão não é necessariamente superior à sétima. Em vez disso, gostaria que todos imaginassem as pessoas em pé sobre a superfície do globo, e Deus sentado no polo Norte. Embora haja épocas em que as regiões próximas ao polo Norte são avançadas, também há épocas em que regiões mais afastadas do Polo Norte se tornam avançadas. E aqueles indivíduos cuja luz brilha de modo radiante agora talvez vejam sua luz se tornar opaca mais tarde, enquanto aqueles cuja luz está completamente nublada agora talvez brilhem muito daqui a um tempo. Portanto, espero que cada pessoa tente ver não só a diferença, mas também a igualdade no mundo.

3

O Pecado e o Mal

A Natureza do Pecado

Os pecados não nos foram dados por Deus. O pecado e o mal são criados quando a luz que temos em nosso interior como filhos de Deus é substituída por algo estranho a nós. O verdadeiro propósito do corpo de cada um é ser um templo de Deus, onde o Espírito Santo reside e tenta cumprir seus deveres. Deus opera em nosso corpo, transmitindo Sua vontade e cumprindo Seus objetivos. Quando estamos no nosso melhor, ouvimos a voz de Deus dentro de nós e nos dedicamos a trabalhar em Suas tarefas. Mas, às vezes, não ouvimos essa voz, ou não conseguimos escutá-la, ou então não queremos prestar atenção nela. Cometemos pecados, criamos o mal e nos perdemos em visões ilusórias; perseguimos outros objetivos e nos comportamos de maneiras que aviltam nossa natureza como filhos de Deus.

O mal nunca existiu independentemente; ele surgiu quando começamos a vender coisas em nosso templo sagrado. Se você alguma vez tentasse vender bens em um templo de verdade, os sacerdotes, perplexos, iriam pedir que você se retirasse na hora. Isso é o pecado: fazer coisas que não devem ser feitas dentro do seu templo sagrado, destinado a ser um local de fé, oração e comunicação com Deus.

A natureza nos deu a dádiva da inteligência, mas às vezes fazemos mau uso dela. Por exemplo, não devemos vender peixe ou frutas no templo. Realizar negócios não é algo mau em si, mas é errado fazer isso num templo. Há um engano em escolher um local inadequado e uma hora e um método errados. Devemos impedir que nossos cinco sentidos criem ilusões e nos levem a ceder a tentações. É errado e pecaminoso fazer dentro de um templo algo que não deve ser feito dentro dele, e trazer para dentro dele algo que não pertence àquele local.

Às vezes, o sacerdote pode tentar nos ensinar sobre o aspecto sagrado de um templo dependurando avisos que proíbem a venda de bens dentro dele. Alguns mercadores irão obedecer a esses avisos, entendendo que o templo é um local sagrado e impróprio para realizar negócios. Mas outros mercadores não irão notar os avisos e vão começar a vender seus produtos lá. Haverá outros ainda que verão os avisos mas não irão entender seu significado. E outros ainda que irão desrespeitar os avisos e argumentar que fazer negócios em locais que reúnem várias pessoas é uma ótima oportunidade de conseguir lucro, e que portanto deveria ser permitido onde quer que a pessoa desejasse. Isso é um mal, um pecado.

Nessa história, o sacerdote é um apóstolo da luz. Era após era, apóstolos da luz descem à Terra para guiar as pessoas no caminho do bem. Os mercadores são as pessoas que não ouvem os apóstolos, que preferem ignorá-los e montar seus negócios dentro dos templos sagrados. Os avisos que o sacerdote coloca são os sutras do budismo e a Bíblia do cristianismo.

A Bíblia ensina o que as pessoas devem fazer ou não e como devem proceder, mas muita gente que lê os avisos prefere não lhes dar atenção. Outros sabem da existência da Bíblia e dos sutras budistas, mas preferem não lê-los. Mesmo assim, são pessoas como nós, e seriam bons cidadãos se estivessem fazendo seus negócios nos locais adequados. Eles têm filhos para criar e vidas para sustentar. O fato é que simplesmente está errado fazer negócios dentro de um templo, já que ele não se destina a esse fim.

Os erros cometidos sem saber são mais graves do que os cometidos de modo consciente. Por exemplo, algumas pessoas cometem homicídio mesmo sabendo que é errado e que se trata de um crime passível de punição. Outras matam sem hesitação, simplesmente porque decidiram fazê-lo, sem sequer saber se é certo ou errado e sem pensar se isso é bom ou mau. Quais dessas pessoas estão mais distantes de Deus e são mais perigosas à sociedade?

Às vezes, enfrentamos circunstâncias incontornáveis, que nos levam a cometer pecados. Fazer algo errado sem saber que é errado constitui um pecado mais grave ainda. O conhecimento do que é certo ou errado pode levar a um despertar da consciência, ou pelo menos a fazê-la hesitar, ou a sentir remorso. O homicida que tem consciência de que matar é pecado vai ficar em agonia quando sua consciência boa e sua mente má entrarem em conflito. Mas aqueles que não sabem que o que fazem é pecado não irão experimentar essa dor de consciência.

Por que Deus Permite que o Mal Exista

Há uma razão para Deus permitir que o mal exista. Imagine um sacerdote fazendo um sermão numa missa de domingo para vários homens e mulheres piedosos. De repente, um grupo de intrusos irrompe pela igreja. Se você fosse o sacerdote, o que faria? À sua frente há uma plateia de trezentos homens, mulheres e crianças do bem, compenetrados em ouvir seu sermão sobre a Bíblia Sagrada. Mas os invasores ridicularizam suas palavras. Gritam que Deus não existe e que a Bíblia não serve para nada porque não ajuda as pessoas a ficarem ricas.

Dizem que há coisas mais divertidas para se fazer aos domingos do que ir à igreja.

Como sacerdote, você tem inúmeras opções para conduzir a situação. Pode chamar a polícia e tirar os invasores da igreja à força; pode cercar os invasores e espancá-los, sob a alegação de que gente como eles sequer deveria existir; pode tentar ignorá-los e deixar que continuem perturbando seu sermão. Mas a melhor coisa que você poderia fazer é apelar para a consciência dos invasores. Se você permitir que sua mente seja consumida pela raiva e decidir se livrar dos invasores, seu coração não estará mais com Deus, mas nas mãos do Diabo.

Situações como essa são conflitos entre o Demônio e o Espírito Santo. O sacerdote representa o Espírito Santo. Se você, como sacerdote, procura conduzir os invasores para a fé apelando para a consciência deles, então não perderá o respeito dos membros da sua igreja. Um verdadeiro e fiel servidor de Deus teria a maior compaixão possível e faria tudo que estivesse ao seu alcance para dialogar com os invasores.

Muitas pessoas ficam imaginando por que o Demônio ainda existe, mesmo depois de milhares de anos de pregação dos nossos ensinamentos. Também se perguntam por que o Inferno não desapareceu depois de todo esse tempo. A razão é que estamos usando o método mais ineficaz para livrar o mundo do mal. O mais eficaz seria nos livrarmos à força desses agitadores e fazê-los desaparecer. Mas escolhemos usar um método que exige mais tempo e paciência: dialogar com a consciência deles e esperar que despertem. Continuamos a dedicar nossa vida a expor as leis de Deus, independentemente de Satã.

Em última análise, as pessoas cometem pecados devido à sua falta de conhecimento. Se o Demônio e as pessoas ligadas a ele soubessem a respeito do Céu, não estariam no Inferno. Elas esqueceram a alegria de estar no Mundo Celestial e de ter luz. Acreditam que o seu mundo é a verdade. Veem os fiéis como demônios que estão tentando destruir seu mundo. Só conseguem pensar em si mesmos e só sabem proteger os próprios interesses, status *e segurança. E é sempre difícil determinar se essas pessoas, quando cometem pecados, estão tendo ou não a consciência de seu egocentrismo.*

4

Uma Nova Era de Justiça

Nosso Mundo Precisa de Justiça

Acredito que há três coisas indispensáveis: amor, justiça e compaixão. Precisamos introduzir a retidão neste mundo. Justiça são as Verdades de Deus. Precisamos de justiça; é ela que nos fortalece para podermos repelir as forças que não sejam Verdades de Deus, a fim de poder desenvolver Suas Verdades no nosso mundo e construir um reino de Deus.

A justiça é a força que cria os alicerces da nossa casa de Deus. O amor são os pregos, o cimento e a argila que une madeira e pedra. O amor é o vínculo que nos une na criação do reino de Deus.

Na era atual, a justiça foi esquecida há muito tempo. Muitas das nossas religiões carecem de justiça. Mas acredito que as leis de Deus precisam ser mantidas fortes. Devemos defender a justiça, mesmo que isso implique o risco de guerras religiosas e de perseguições movidas por adeptos de outras religiões.

Durante milhares de anos, os Dez Mandamentos serviram como um valioso código de conduta. Agora, nesta era de confusão, precisamos de uma nova forma dos Dez Mandamentos, de novas linhas gerais sobre os valores corretos e os princípios de conduta adequados às pessoas de hoje. A religião não consiste apenas em acreditar em espíritos ou sermos mais amigos uns dos outros. A religião consiste em seguir as orientações gerais de Deus para criar os alicerces de uma nova ci-

vilização e de uma nova cultura. A missão dos que vivem hoje é deixar esse presente à humanidade.

Você deve pensar no futuro. Não pense apenas no que está enfrentando neste exato momento. Em vez disso, pense nas mensagens que pode deixar como legado àqueles que aqui estarão daqui a 2 ou 3 mil anos. Meu nome e minhas palavras podem não sobreviver todo esse tempo. Talvez no futuro tanto Jesus Cristo quanto eu sejamos vistos apenas como figuras lendárias. Mas os ensinamentos que você transmite devem sobreviver e ser conhecidos como verdades históricas.

Em última instância, o futuro depende de você explicar com clareza por que Deus projetou este mundo para nos ajudar a reencarnar por meio do Céu. Você tem de explicar os princípios subjacentes e como devemos viver a vida. É o que as gerações futuras exigem, nada mais, nada menos.

Uma Nova Era Está Despontando

Falei muito hoje sobre civilização e cultura, e a razão é que uma nova era está despontando enquanto falamos. O sol das Verdades está se erguendo, e as pessoas precisam compreender que uma nova era está em formação.

Gostaria que todos soubessem por que Moisés despertou depois de 3 mil anos de silêncio para dar essa mensagem às pessoas aqui na Terra. Eu trouxe inspiração a muitas pessoas durante esse período, mas nunca antes, desde a ocasião da minha morte, meus pensamentos haviam sido transmitidos com minhas próprias palavras. Esta é a primeira vez que ofereço orientação às pessoas na Terra sob essa forma.

Esse grande milagre é profundamente significativo. Esse milagre marca a chegada de uma nova era. Curas, materialização de objetos físicos e previsões do futuro não são os maiores milagres. O maior milagre possível é transmitir o pensamento de Deus diretamente, como Ele o expressa. Isso é quase impossível, mas chegamos infinitamente perto quando aqueles que estão mais próximos de Deus transmitem Sua Palavra e Sua Vontade em nome Dele.

Aqueles que presenciam este milagre devem abrir seus olhos espirituais e experimentar o assombro. Não se trata de um fato corriqueiro. Você precisa dar-se conta de que Moisés despertou de 3 mil anos de silêncio para dividir o mundo físico com a sua mensagem, da mesma maneira que uma vez dividiu o mar Vermelho. Estou tentando dividir em duas metades o jardim em miniatura em que você vive e que está isolado do mundo espiritual. Esse milagre está ocorrendo neste exato momento.

Coisas incríveis estão acontecendo à sua volta. Um evangelho está sendo oferecido em sua presença. Por favor, entenda o significado desse evento, experimente o assombro, entenda o valor desse tempo e avalie o quanto é precioso estar vivendo no momento em que este milagre ocorre. Não há tempo a perder. Você tem que sentir o mais intenso desejo de experimentar esse milagre com os próprios olhos, não importa o quanto essa viagem demore, seja por ar, mar ou terra. Se você de fato procura o modo de vida definitivo, esse deve ser o seu desejo mais intenso.

Um milagre que ocorre com intervalos de milhares de anos está ocorrendo neste exato momento. O enorme sol das Verdades está nascendo. Observe esse sol, veja seu porte imenso, veja sua luz imensa e veja seu incrível poder.

Pensamentos do Mestre Okawa

A Proibição da Idolatria

Moisés viveu há cerca de 3.200 anos. Os ancestrais dos israelitas viviam originalmente no deserto e mais tarde mudaram-se para o Egito, onde foram forçados a trabalhar como escravos. Portanto, Moisés conduziu os israelitas em sua fuga do Egito e de volta à terra natal no deserto. A Bíblia Hebraica descreve esse evento histórico.

Segundo a Bíblia, Moisés passou quarenta dias nas montanhas. Os israelitas usavam o número "quarenta" para significar "muitos", e não precisamos levá-lo ao pé da letra. Enquanto esteve nas montanhas, Moisés recebeu revelações de Deus na forma dos Dez Mandamentos. Logo, o importante não é que Deus tenha tenha gravado "pessoalmente" os Dez Mandamentos nas duas tábuas de pedra, mas que Moisés voltou da montanha com eles.

Enquanto Moisés meditava nas montanhas, Aarão e os outros israelitas queriam algo que pudessem adorar; então, fizeram uma estátua de um bezerro de ouro derretendo e refundindo seus brincos e acessórios. Quando Moisés voltou das montanhas, viu Aarão e os demais dançando, cantando e adorando a estátua.

Moisés ficou tão ultrajado com isso que, num acesso de fúria, atirou as tábuas de pedra no chão, partindo-as em pedaços. Ele estava enfurecido porque a conduta dos israelitas quebrava o primeiro mandamento de Yaveh, que proibia a adoração de ídolos: "Não terás outros deuses diante de mim. Não farás para ti imagem esculpida, nem figura alguma do que há em cima no céu, nem embaixo na terra, nem nas águas debaixo da terra" (Deut. 5:7-5:8). Yaveh ficou muito irado com essa conduta do seu povo.

Até hoje, as pessoas acreditam que essa proibição de adorar ídolos foi um pronunciamento de Deus. Mas, na realidade, foi Yaveh que criou esse mandamento. Havia uma razão para Yaveh não gostar da adoração de ídolos: os egípcios, que haviam escravizado os israelitas, faziam muitas estátuas de seus deuses. Várias delas ainda podem ser vistas nos templos e edificações egípcios. Yaveh não gostava dos egípcios e não queria que os israelitas perpetuassem a cultura egípcia.

De um ponto de vista mais amplo, a adoração de ídolos existiu em várias outras partes do mundo, em regiões como a antiga Grécia e a Índia. Essas áreas desenvolveram uma cultura que incluía representar seus deuses por meio de estátuas. Podemos visitar a Grécia hoje e ainda ver muitas estátuas de mármore de deuses gregos. E na Índia alguns dos seguidores do Buda Shakyamuni criaram estátuas dele enquanto ainda era vivo, e muitas outras foram erguidas após sua morte. Em comparação, as regiões desérticas desenvolveram uma cultura que proibia as estátuas de deuses e até promovia a iconoclastia, ou seja, a destruição de estátuas religiosas.

As Civilizações Antigas e Seus Deuses Concorrentes

As civilizações da Grécia, Índia e Egito podem ser remontadas a Hermes, ao Buda Shakyamuni e a Toth e Hermes, respectivamente. O relato de Moisés sobre a história egípcia é controvertido, mas a verdade é que a filosofia de Toth-Hermes existia no Egito desde tempos muito remotos. Quando expliquei a história a partir da perspectiva de Moisés, foi difícil para mim revelar esses detalhes. A fé de Toth se espalhou pelo Egito proveniente da Atlântida, onde Toth era adorado como o deus daquela civilização, e Hermes começou a guiar o Egito quando terminou de dar orientação à Grécia. El Cantare concentrou sua orientação na Grécia, em Roma e no Egito por um longo tempo, e essas regiões desenvolveram culturas nas quais as estátuas de deuses eram vistas como coisas boas.

Quando Moisés saiu do Egito para liderar o Êxodo, a civilização egípcia estava no seu auge; era o país mais poderoso do mundo. Disso se seguia que a religião egípcia era também a mais forte e a mais difundida. Os deuses egípcios eram muito poderosos, influentes e apoiados por milhares de anos de história. Havia uma cultura espiritual extremamente forte, desenvolvida por Hermes Trismegisto, que nós também chamamos de El Cantare.

Moisés e seu povo eram um grupo minoritário no Egito. O deus em que Moisés acreditava era um deus menor dos escravos, que estava decidido a negar o deus do Egito e da Grécia. Foi por isso que o deus de Moisés proclamou que seu povo não deveria acreditar em outro deus a não ser ele mesmo e proibiu a adoração de estátuas. Esse foi o início dos conflitos religiosos que temos visto ao longo da história.

El Cantare, no entanto, não ignorou completamente as regiões do Oriente Médio. A crença no Deus El existia no mundo do Oriente Médio desde tempos muito remotos. El era também conhecido como Elohim, e Elohim era o Deus do Amor, El Cantare. A história dos israelitas é cheia de profetas. Seria fácil supor que todos eles acreditassem em Yaveh, pois Ele ordenara que seus seguidores não deveriam adorar outros deuses. Mas nem todos os profetas estavam sob a orientação de Yaveh; vários eram guiados por El Cantare.

Nos tempos antigos, a fé em El espalhou-se amplamente pelas regiões do deserto. Mas essa fé foi interrompida pelo surgimento desse monoteísmo e pela proibição de adorar ídolos. Tal tendência durou mil anos, tendo início com o judaísmo e continuando em certo grau no cristianismo. Como podemos ver na veneração da Igreja Católica pelas estátuas de Maria e de Jesus, o cristianismo não seguiu totalmente o mandamento contra a idolatria, mas ele influenciou em algum grau o cristianismo, pois os fiéis da Igreja Grega Ortodoxa, que rezam com fervor diante de pinturas, insistem que não estão praticando a idolatria, já que pinturas não são estátuas. O Islã é outra religião monoteísta que proíbe a adoração de ídolos. Todas essas três religiões – judaísmo, cristianismo e islamismo – têm pelo menos vestígios da proibição da adoração de ídolos que Yaveh desenvolveu em oposição a El.

Yaveh, Monoteísmo e Conflito Religioso

As religiões monoteístas têm um problema: suas escrituras descrevem mais de um deus. Faz parte da própria natureza do mundo espiritual que existam vários deuses e que alguns deles sejam mais fortes e estejam em nível superior a outros. As antigas religiões da Grécia e do Egito eram politeístas, e os budistas acreditam que houve vários budas ao longo da história. O politeísmo tem sido o tronco principal da teologia no mundo. Essa tradição foi rompida quando Yaveh apareceu e declarou ser o único deus.

Yaveh disse a Moisés que lhe daria a terra de Canaã, então Moisés partiu do Egito em direção àquela região. Mas Canaã já era habitada pelos árabes nativos. Os árabes sentiram-se ultrajados por esse deus que queria tirar-lhes suas terras. Certamente, os hebreus argumentaram que deviam ficar com a terra, pois seu deus lhes havia ordenado isso. Mas os árabes naturalmente contra-argumentaram que o deus deles nunca lhes dissera tal coisa.

Esse foi o início de uma longa história de conflitos religiosos, que prosseguiu por milhares de anos. Os conflitos religiosos entre Israel e os países árabes remonta à época de Moisés, quando havia um conflito territorial entre deuses diferentes. É uma triste verdade, mas saibam que alguns deuses têm dificuldades de cooperar.

Há outro problema no sexto mandamento de Yaveh: não matarás. A Bíblia Hebraica diz que, quando Moisés voltou das montanhas e encontrou Aarão e os hebreus adorando a estátua de um bezerro de ouro, ordenou que 3 mil hebreus fossem mortos. Essa já é por si uma história chocante, mas, além disso, cria vários problemas para se acreditar em um deus que ensina a não matar e que de repente permite a morte de 3 mil pessoas por não estarem seguindo seus ensinamentos. No final, o que Yaveh estava dizendo era que apenas quem tivesse fé nele é que não deveria ser morto.

Os conflitos religiosos podem ser resumidos em dois pontos: primeiro, as diferentes posições das religiões em relação à adoração de ídolos e, segundo, seus conceitos distintos a respeito da oferenda de sacrifícios – em outras palavras, a ideia de matar pessoas em nome de Deus. O Mundo Celestial não aceitou totalmente nenhuma dessas posições. Devemos estar cientes, porém, de que uma maneira de pensar estrangeira infiltrou-se no tronco principal dos ensinamentos e que a confusão entre Yaveh e Elohim é a fonte dos conflitos no Oriente Médio.

Capítulo Quatro

Maomé

Seja Humilde perante Deus

A Vida de Maomé

Maomé nasceu em 570 d.C., quase 540 após a morte de Jesus Cristo, em Meca, um centro comercial no oeste da Arábia. Ele nasceu entre os Banu Hashim, um ramo da poderosa tribo Quraysh que dominava Meca. Teve uma infância muito difícil. Seu pai, Abd Alá, morreu antes de Maomé nascer, e sua mãe, Aminah, faleceu quando ele tinha apenas seis anos de idade, deixando-o órfão. Então, ele foi viver com o avô, Abd al-Muttalib, que também morreu, dois anos mais tarde. Por fim, Maomé foi adotado pelo irmão de seu pai, Abu Talib.

Aos 25 anos, Maomé casou-se com Khadijah, uma viúva linda e rica, de quarenta anos de idade, dona de uma caravana comercial. O casal foi abençoado com três filhos e quatro filhas. Maomé passou os primeiros quinze anos de casado vivendo como um rico mercador – mas o destino tinha outro caminho reservado para ele.

Maomé costumava passar parte do ano meditando e orando em uma caverna nas montanhas, cerca de 5 quilômetros a nordeste de Meca. Uma noite, no ano de 610, quando tinha quarenta anos de idade, teve uma intensa experiência espiritual em uma caverna no monte Hira, no mês do Ramadã. Uma voz solene soou pela caverna, e um ser luminoso agarrou-o pela garganta e disse-lhe para lembrar e decorar as palavras de Deus que lhe seriam reveladas, e registrá-las mais tarde.

Maomé ficou aterrorizado; achou que estava sendo possuído pelo *jinn* – o demônio do deserto – e tentou evitar o destino que se lhe afigurava. Mas, incentivado pela esposa Khadijah, aos poucos acabou aceitando o chamado, e por volta de 613 começou a pregar suas mensagens ao povo. Khadijah apoiou muito Maomé e se tornou a primeira pessoa que ele converteu. Depois de conversar com vários judeus e com o primo de Khadijah, Waraqa, que era cristão, Maomé acabou acreditando que o ser que vinha falando com ele desde a "Noite do Poder" era Jibril, o arcanjo Gabriel.

Maomé transmitiu inúmeras revelações ao seu povo, registradas por escrito durante o reinado do terceiro califa, Uthman, que promulgou uma versão oficial do Alcorão com 114 capítulos. Ele ensinou uma fé monoteísta em Alá como único Deus, e seus ensinamentos podem ser resumidos nos seguintes temas: anjos, escrituras, profetas, vida após a morte e predestinação.

Maomé havia sido fortemente influenciado pelos judeus e cristãos, que conhecera em suas viagens pela Síria como mercador, e isso o levou a negar a idolatria dos habitantes de Meca que adoravam o sol, as estrelas e as rochas. Sua nova religião espalhou-se como fogo, encontrando seguidores entusiasmados entre os escravos e os pobres. Mas a tribo no poder dos Quraysh, na qual ele nascera, passou a persegui-lo, e assim, em 622, ele fugiu de Meca para Medina. Esse evento, conhecido pelos muçulmanos como a Hégira, assinala o primeiro ano do calendário muçulmano. Em Medina, Maomé organizou sua ordem religiosa e constituiu um exército, e em 630 marchou sobre Meca e tomou a cidade, com a intenção de unificar a Arábia.

Originalmente, Maomé era do mundo dos *tathagatas* da oitava dimensão do Mundo Celestial. As mensagens que recebeu na caverna originavam-se do mesmo grupo de espíritos divinos que havia guiado Jesus e os profetas hebreus. Mas duas coisas o diferenciavam: primeiro, ele pregou no seio de uma economia de mercadores, e, segundo, comandou uma poderosa força militar. O poder político e militar de Maomé levou-o a enfatizar a importância da *jihad*, a guerra santa, base das lutas entre muçulmanos que continuam até nossos dias. Mesmo hoje, o Oriente Médio segue coberto por uma densa névoa de pensamentos negativos.

Além disso, como o Alcorão se concentrava nos preceitos e ensinamentos sobre adoração e jejum, o Islã acabou excessivamente restrito a regras e formas, e começou a deixar em segundo plano os ensinamentos ligados à mente. Ao contrário de Jesus, Maomé nunca teve a oportunidade de receber um treinamento religioso intensivo, então foi incapaz de aprofundar sua compreensão das revelações que recebera e de desenvolvê-las em ensinamentos espirituais.

Um dos aspectos mais característicos dos ensinamentos de Maomé era sua visão de Alá como único Deus; antes, os habitantes de Meca reverenciavam Alá como Deus Supremo, o mais elevado deus entre muitos outros. Com base nas minhas investigações e pesquisas no mundo espiritual, posso dizer que sua compreensão estava correta: existem muitos espíritos divinos no mundo espiritual. Mas Maomé concentrou-se apenas em Alá, afirmando que era o único Deus. Maomé negava a visão dos Quraysh de que Alá era o mais alto deus entre as divindades, e falava como se todos os outros deuses fossem espíritos maus. Isso desencadeou uma guerra entre Maomé e os Quraysh. Maomé não estava lutando contra o Demônio; sua luta tinha a ver com conflitos ideológicos. A guerra foi causada pela limitada compreensão de Maomé e pela sua falta de uma consciência mais elevada.

Após a morte de Khadijah, Maomé teve mais de dez esposas, entre elas sua favorita, Aisha. Essa prática da poligamia levou alguns cristãos a considerarem o Islã uma religião pervertida, mas havia uma razão prática para a adoção da poligamia: ela proporcionava um tipo de segurança social básica para muitos muçulmanos que haviam ficado órfãos ou tinham enviuvado como resultado das recorrentes guerras religiosas da região. É importante notar também que as regras do Islã exigiam que os maridos tratassem todas as suas esposas de modo igualitário.

Mensagem Espiritual de Maomé

O Islamismo É uma Religião Tolerante

Nasci em Meca, na atual Arábia Saudita. A tribo que governava Meca naquele tempo, os Quraysh, praticava o politeísmo. Aos quarenta anos, fui para a caverna conhecida como Hira para meditar e jejuar. Enquanto meditava, recebi revelações divinas que me levaram a difundir a religião monoteísta. Historicamente, o politeísmo vinha predominando, não só em Meca, mas também na Grécia, no Egito e no resto da África. O monoteísmo só começou a se difundir naquela região com a chegada do cristianismo.

Ensinei o monoteísmo em uma área predominantemente politeísta; eu pregava que Alá era o único Deus e que Seus ensinamentos eram os únicos corretos. Por causa desse ensinamento, fui perseguido pelos Quraysh e obrigado a fugir de Meca. Então, me mudei para Medina e de lá travei uma batalha muito longa contra a tribo dos Quraysh em Meca. A vida em Medina era muito difícil e perigosa, mas por ter sido abençoado com habilidade militar, venci a batalha final e voltei a Meca triunfante. Os ensinamentos islâmicos se difundiram porque a minha vitória militar me permitiu unificar o povo politicamente. Para criar uma religião nacional, unificada, precisei integrar a religião à esfera militar e à vida política da nação. Essa é a história em torno da fundação do islamismo.

Talvez o islamismo seja visto como uma religião agressiva, por causa da história de sua fundação, mas a palavra "Islã" significa "paz". Somos pessoas que anseiam pela paz. A maior parte dos cristãos de hoje não nos compreende. No decorrer da história, os cristãos lançaram muitas cruzadas contra o Islã a fim de recuperar Jerusalém, a terra sagrada do cristianismo. Mas Jerusalém era também terra sagrada para o islamismo, então travamos muitas batalhas pela posse da cidade. Por causa disso, os cristãos acabaram nos vendo como adversários.

Na minha época, o islamismo aceitava outras filosofias e religiões, inclusive nosso precursor, o cristianismo. Aceitávamos até os antigos profetas judeus. Éramos muito tolerantes. Mas, apesar de nossa tolerância, os cristãos viam o islamismo como uma falsa religião e nos perseguiam. Os cristãos têm um histórico de perseguições também entre eles mesmos. Após a morte de Jesus Cristo, muitos cristãos foram perseguidos como hereges por outros cristãos e queimados na fogueira. Foram Anjos de Luz, mortos nas mãos de seu próprio povo.

Embora os ensinamentos islâmicos fossem tolerantes, fomos obrigados a nos transformar. Se tivéssemos permanecido tolerantes diante de um oponente intolerante que desferia furiosos ataques contra nós, teríamos sido facilmente vencidos. Mesmo que você aceite o outro grupo, não consegue suportar que o ataquem e invadam, sob a alegação de que você está divulgando ensinamentos satânicos. Sem dúvida, essa questão é muito difícil. Na maioria dos casos, aqueles que vêm depois têm duas opções: tolerar os que chegaram antes deles ou então rejeitá-los totalmente.

Acho que o que realmente incomoda os cristãos é o aspecto tolerante do islamismo. Eles teriam preferido que negássemos Jesus por completo, para então deixar evidente um desejo nosso de querer uma guerra total contra eles. Mas nós reconhecemos Jesus como profeta – um dos muitos profetas do Antigo Testamento. Para mim, a ideia de que o Deus Criador teve apenas um "único Filho" significava que ele havia tido esposa e fa-

mília, o que seria uma blasfêmia contra Deus. Então, eu disse que isso era impossível, e que quando Jesus havia sido descrito como o "único Filho" isso significava apenas que ele era um ser humano. Mas imagino que minha maneira indiferente e vaga de colocar as coisas despertou uma ira ainda maior neles.

Acho que fomos tolerantes porque reconhecemos o cristianismo. Eu, pelo menos, reconheço o cristianismo, e afirmei que os cristãos poderiam continuar cristãos. Não os acusamos de heresia nem matamos cristãos por pertencerem a uma religião diferente. Acho que os cristãos e os judeus mataram mais hereges do que os muçulmanos. Eram mais violentos; foram mais longe em queimar gente na fogueira.

Tudo o que eu pedi foi que os cristãos pagassem imposto. Se pagassem, poderiam continuar cristãos. Se decidissem converter-se ao islamismo, ficariam isentos de imposto. Acho que o que fiz foi mais uma política de incentivos, para usar uma expressão moderna, mas isso é algo que todos vocês fariam, certo? Quer dizer, quando se diz às pessoas que elas podem ficar com sua fé atual e pagar um imposto ou então converter-se e não pagar, elas ficam motivadas a se converter. Para mim, esse tipo de manobra era perfeitamente normal, pois era da classe mercantil. Mas não chegamos ao ponto de negar a fé dos cristãos. Aceitávamos e éramos tolerantes com o cristianismo, portanto vemos o islamismo como uma religião pacífica e tolerante. Assim, por favor, não tenha medo dos muçulmanos. Os muçulmanos são ensinados a amar a paz. O islamismo ensina misericórdia e paz. Espero que todos entendam isso.

Obtenção de uma Vitória Militar

Não há qualquer menção a homens-bomba nos ensinamentos islâmicos. Há apenas a ideia da jihad, *a guerra santa, travada para defender os ensinamentos do Islã. As pessoas hoje podem ver o islamismo como uma religião agressiva, sedenta de sangue e de mentalidade estreita, já que os muçulmanos tendem a não temer a guerra e o conflito. Mas a razão disso é que, embora eu fosse um líder religioso que transmitia as palavras de Deus, era também um herói militar. Os muçulmanos adoram heróis militares.*

De modo similar, havia muitos deuses guerreiros no xintoísmo japonês. No processo de construção de uma nação, há sempre uma batalha com o regime anterior. Aqueles que lutaram, venceram e trouxeram paz à sua nação tornaram-se deuses. Então, é natural que as pessoas adorem como deuses guerreiros os heróis militares que construíram sua nação. Essa foi a real razão pela qual o cristianismo não se difundiu no Japão. Como o povo japonês adorava deuses guerreiros, simplesmente não podia aceitar o ensinamento cristão de que o filho do Deus onipotente havia sido capturado tão facilmente e crucificado por seus inimigos.

Quando nos mudamos de Meca para Medina, montamos linhas de resistência contra o exército de Meca. Os habitantes de Meca viam meus ensinamentos como coisa do Demônio, então marcharam sobre Medina com seu exército. Eram em número superior – seu exército era dez vezes maior que o nosso –, mas fomos capazes de derrotá-los porque inventei a guerra de trincheiras – fui o primeiro a fazer uso dela na história. Na realidade foi Hermes que me guiou espiritualmente para propor a ideia da guerra de trincheiras. Ele me mostrou, por meio de inspiração, que poderíamos evitar ser atingidos por flechas se cavássemos um buraco e atacássemos dali. Fiz com que unidades de arqueiros atacassem desde as trincheiras. Também inventei a formação em fileiras e fiz com que os arqueiros se revezassem para atirar. Penso que Oda Nobunaga do Japão introduziu a mesma tática cerca de mil anos mais tarde, na segunda metade do século XVI. Ele derrotou a poderosa cavalaria Takeda alinhando seu batalhão de rifles em três fileiras que se revezavam para atirar. Era a mesma técnica que eu usara mil anos antes. Levava tempo para que os arqueiros rearmassem seus arcos e voltassem a atirar. Então alinhei-os em duas ou três fileiras e fiz com que se revezassem para disparar suas flechas. Isso permitiu ao batalhão atirar continuamente e poupar tempo. Ao reduzir o tempo gasto em armar uma flecha, fomos capazes de atirar três vezes mais rápido que o nosso inimigo. Em termos modernos, foi como usar metralhadoras contra rifles. Foi por ter inventado essa tática de atirar continuamente e conceber a guerra de trincheiras que nosso exército de Medina conseguiu derrotar o exército de Meca.

Em razão dessa vitória, nossa força de combate se expandiu. Ao vencermos, isso foi considerado um milagre, aumentando ainda mais o número de aliados. Assim, fomos capazes de ocupar Meca e construir uma nova nação. Por causa desse feito os mulçumanos passaram a achar que eu, Maomé, era até mais grandioso que o próprio Jesus.

De acordo com as tradições judaicas, o Messias seria um grande orientador político e um herói que deveria salvar seu país. Porém, como o próprio Jesus se permitiu ser sacrificado na cruz, foi rejeitado pelos judeus como Messias. Do ponto de vista dessa tradição judaica, eu me encaixaria melhor na posição de Messias, pois lutei, venci e salvei meu país. A figura do Messias que eles imaginam se assemelha mais à do rei Davi. Por isso, os judeus continuaram com o Antigo Testamento, pois Jesus não preencheu as características como Messias.

Os muçulmanos não negam Jesus; eles o veem como uma figura notável, tal como um profeta. Mas acreditam que Maomé foi maior porque Jesus foi derrotado no mundo terreno e preci-

sou partir antes de cumprir sua missão. Por isso, não pensamos que Jesus tenha sido o Messias. Se achássemos isso, o islamismo não passaria de uma ramificação do cristianismo. Portanto, na época eu não achava que Jesus podia ser considerado um Messias, mas um dos muitos profetas que surgiram na antiga Israel. Acho que Jesus nasceu como profeta, que talvez tivesse a missão de se tornar um salvador, mas infelizmente, durante sua vida terrena, falhou em transmitir seus ensinamentos, por isso foi crucificado. Penso que talvez seja melhor considerá-lo um profeta.

No passado, muitos profetas foram perseguidos e executados. Mas eu, Maomé, não perdi para aqueles que me perseguiram; lutei e venci, e transformei o Islã numa nação religiosa, unificando a política, o exército e a religião. Assim, do ponto de vista de um muçulmano, os feitos de Maomé são maiores do que os de Jesus. É dessa forma que o islamismo entende as coisas.

Receber Revelações do Céu

Os muçulmanos também me chamam de "o último profeta", devido à minha superioridade em outro aspecto: o islamismo se baseia em revelações espirituais – palavras de Deus – que me foram transmitidas enquanto eu ainda estava vivo. Esta é a base do Alcorão. Isso é o que, em minha opinião, torna o islamismo superior ao cristianismo.

Alá é o deus do islamismo, mas a palavra "Alá" significa simplesmente "Deus". Quando dizemos "Alá", estamos nos referindo ao Deus Criador. Os cristãos têm me criticado, dizendo que seria impossível o Criador comunicar-se diretamente pela minha boca. Mas, se você procurar no Antigo Testamento, verá que muitos profetas ouviram as palavras de Deus. Ele falou a Noé, Abraão e a outros, exatamente do jeito que um ser humano falaria com outro. Portanto, da mesma forma que o

Deus Criador falou com os profetas hebreus, Ele falou comigo. Eu tinha a capacidade de ouvir Sua voz.

Os antigos profetas hebreus ouviam e recebiam as palavras de Deus, mas não conseguiam transmitir Seus ensinamentos diretamente ao povo na forma de revelações espirituais. Nem os antigos profetas nem Jesus conseguiam fazer isso. Somente eu fui capaz de recebê-los diretamente e transmiti-los, e esses ensinamentos estão no livro sagrado, o Alcorão. Os cristãos nunca foram capazes de produzir uma escritura que contivesse as palavras de Deus de modo tão completo quanto o Alcorão. A Bíblia Cristã contém fragmentos das palavras de Jesus; de resto, é um registro histórico dos seus feitos e suas conversas com os discípulos. Como o Alcorão foi uma compilação das palavras de Deus, acreditamos que o islamismo é uma religião mais completa que o cristianismo.

Os ensinamentos fundamentais islâmicos têm por base o cristianismo, o Antigo e o Novo Testamento. Nós aceitamos as crenças cristãs. O deus cristão é o mesmo deus que os muçulmanos adoram. Mas os cristãos têm nos criticado ferozmente, dizendo que seu deus é diferente do nosso. Também nos criticaram porque fundei uma religião baseada nas revelações espirituais que recebi de Deus. O cristianismo difere pelo fato de se basear no registro das palavras e feitos de Jesus. Portanto, não se baseia em revelações diretas do Céu.

Os cristãos argumentam que Deus não iria enviar Suas palavras diretamente por meio de um ser humano. Assim, depois de estudar com conhecidos meus cristãos, mudei a maneira de me referir à minha revelação. Eu ainda acreditava ter recebido diretamente as palavras de Deus, mas alguns dos cristãos conhecidos meus disseram que as pessoas poderiam me achar arrogante e irreverente por afirmar isso. Sugeriram que eu cedesse um pouco quanto a esse ponto para que pudés-

semos nos reconciliar com os cristãos. É verdade que ouvi muitas vozes diferentes, então suponho que vários espíritos estivessem me guiando naquela época. Na realidade, havia pelo menos uns quarenta espíritos diferentes usando o nome "Alá" para me enviar mensagens. Portanto, uma equipe de espíritos guias trabalhou para formar os ensinamentos do islamismo. As vozes de Alá que eu ouvia revelavam as diferentes ideias de vários espíritos guias. É por isso que há estilos de escrita diferentes no Alcorão.

Portanto, não deixei de afirmar que estava transmitindo os ensinamentos de Alá, mas mudei a maneira de explicar como os havia recebido. Nos ensinamentos cristãos, o arcanjo Gabriel, que é um dos sete arcanjos, é um mensageiro de Deus. No islamismo, chamamos Gabriel pelo nome de "Jibril". Assim, eu disse que havia recebido as palavras de Deus por meio de Jibril. Achei que os cristãos aceitariam essa interpretação da minha experiência. Nossa intenção era fazer uma conciliação com os cristãos, e não persegui-los. Mas agora, sinto que estamos em uma situação perigosa nas relações com o mundo cristão. No início, éramos religiões irmãs, mas aqueles que ficam próximos demais tendem a desprezar-se mutuamente.

O cristianismo foi fundado seiscentos anos antes do Islã, e como éramos mais novos, acreditamos ser mais avançados. De fato, durante a Idade Média, o islamismo fez grandes avanços científicos, enquanto o cristianismo ingressava na Idade das Trevas. Os cristãos promoveram julgamentos de bruxas, queimaram hereges na fogueira e se envolveram em outros atos brutais nessa época. Enquanto isso, o islamismo progredia e florescia. Tornamo-nos prósperos e avançamos nas ciências, então era perfeitamente natural que achássemos que o cristianismo iria declinar e o islamismo se difundiria pelo mundo. Mas o cristianismo recuperou algum terreno com o surgimento de Martinho

Lutero e de João Calvino. Agora, islamismo e cristianismo estão em conflito a respeito de qual das duas religiões é superior.

Acreditávamos que os ensinamentos islâmicos estavam ligados aos do Antigo e do Novo Testamento, e que éramos religiões irmãs. Mas os cristãos discordaram e nos criticaram. Disseram que era absurdo achar que Deus teria falado comigo diretamente e que era inaceitável chamar Jesus de profeta. Também disseram que as palavras e parábolas da Bíblia eram superiores e mais bonitas que as do Alcorão. Os cristãos afirmaram que o deus do cristianismo e o do islamismo deviam ser diferentes, porque as parábolas e passagens do Alcorão não eram tão belas e agradáveis como as da Bíblia. Em particular, o Alcorão contém muitas parábolas que falam metaforicamente de aranhas e insetos e de outras criaturas terrenas. Então os cristãos nos criticaram, dizendo que nossas parábolas careciam de elegância literária e que não eram tão poéticas como as ensinadas por Jesus. Assim, concluíam que acreditávamos em um deus diferente do deles.

Além do Alcorão, os muçulmanos têm outra escritura chamada Hadith, que é um registro das minhas palavras e feitos. Trata-se de uma compilação daquilo que fiz e disse e das decisões que tomei em diversas situações da minha vida. O Hadith serve como um guia, a ser consultado por meus discípulos e por aqueles de gerações futuras quando não souberem o que fazer em situações que não sejam especificamente mencionadas no Alcorão. Os muçulmanos baseiam suas ações nesses dois pilares: o Alcorão e o Hadith. Nesse sentido, acredito que nós muçulmanos estamos mais avançados que os cristãos.

Veja as explicações do cristianismo sobre o mundo espiritual; são insuficientes, certo? No entanto, no islamismo temos uma visão clara dele. Se compararmos as duas religiões, o islamismo apresenta pontos superiores, porque aborda claramente o mundo espiritual; inclusive tem ensinamentos explícitos sobre o céu e o inferno. Enfim, no cristianismo há aspectos desconhecidos que são claramente ensinados no islamismo, tais como as mensagens recebidas dos espíritos. Sem elas, não seria possível conhecer o mundo espiritual. Nesse aspecto, acredito que somos muito espiritualizados.

Algumas antigas seitas cristãs dedicaram-se ao misticismo e ao espiritualismo, mas outros cristãos perseguiram essas seitas. O movimento gnóstico, por exemplo, foi guiado por Hermes. O cristianismo carecia de ensinamentos sobre reencarnação e sobre o mundo espiritual; assim, para reformular o cristianismo, Hermes enviou anjos de luz, que fundaram seitas como as dos gnósticos e dos cátaros. Mas a maior parte de seus membros foi morta. Foram perseguidos, massacrados e aniquilados. Isso é terrível no cristianismo. O sufismo, ou as crenças e práticas do misticismo islâmico, também eram guiadas principalmente por Hermes e Toth. O islamismo tinha uma grande divisão entre as seitas xiita e sunita, e foram os sunitas que adotaram amplamente o sufismo. Negar totalmente o Islã é rejeitar os ensinamentos de Hermes.

Milagres e o Amor de Deus por Maomé

Assim como está registrado no Alcorão, fui capaz de receber as palavras do Deus único; por isso, quando visto pelos muçulmanos e também pelos que não são, possuo qualidades que superam até mesmo as de Jesus Cristo, não acha? Jesus não disse claramente que as "palavras recebidas eram de Deus". Ele transmitia os ensinamentos com suas próprias palavras, limitando-se a afirmar que "nas suas palavras está contida a vontade de Deus". Mas a prova de minha capacidade espiritual está nas mensagens que recebi. Comparando com Jesus, depois, quando estive em Jerusalém, passei por uma experiência extracorporal, quando meu espírito deixou meu corpo e enxerguei o mundo celestial. Acredito que os poderes espirituais são concedidos somente de acordo com a necessidade da missão de cada um. No meu caso, foram em forma de mensagens espirituais.

Segundo a Bíblia, Jesus curou doenças e operou milagres, e seus discípulos também adquiriram a capacidade de curar doenças. Mas desde então, apenas alguns poucos papas e sacerdotes têm sido capazes disso, e outros que demonstravam essa capacidade foram julgados por heresia e queimados na fogueira. Sem dúvida, os humanos são muito invejosos. Por conseguinte, parece que os milagres pararam de ocorrer depois da época de Jesus. Os milagres de Jesus provam que ele era Filho de Deus. Mas milagres não acontecem o tempo todo, e não há como provar cientificamente que de fato ocorreram.

Também aconteceram milagres na minha vida; entre eles, minhas revelações divinas, minha jornada pela noite, minha vitória milagrosa na batalha, apesar da minha posição de absoluta desvantagem, e a unificação da nação durante meu tempo de vida. Recebi minhas primeiras revelações por volta de 610 d.C. Depois, por volta de 620 (622 d.C.), fugimos de Meca para Medina, no que ficou conhecido como Hégira. Após numerosas batalhas, ataquei Meca e consegui a vitória. Como estávamos em grande desvantagem, com certeza foi um milagre termos derrotado o exército de Meca e unificado o país no prazo de dez anos (em 630 d.C.).

Certamente os cristãos desejariam que ocorresse um milagre quando Jesus entrasse em Jerusalém; que o povo se juntasse a ele e o apoiasse, formando uma grande multidão, e que todos, até os soldados, ao verem aquilo, se devotassem a ele, tornando Jerusalém o país de Jesus. Mas isso não aconteceu. Pode ser que alguns duvidem de Deus, perguntando se ele não foi fraco. Mas, Deus nos dá amor de diversas formas. Para Maomé, o amor de Deus foi dado de forma forte, muito mais do que para Jesus. Como Deus me amava, me concedeu a vitória.

Vencer uma guerra significa que enquanto as pessoas de um lado sobrevivem, as do outro lado morrem. Em geral, um grande número de pessoas do lado derrotado morre. Deus ama a todos, mas nossa vitória significou que Ele nos protegeu e permitiu que o inimigo fosse derrotado. Essa é uma manifestação clara da Sua vontade.

Deus não protegeu Jesus no seu momento. Na época de Moisés, permitiu que as águas do mar Vermelho fossem separadas para que fugisse. Moisés nunca precisou vencer o exército do Egito, apenas fugir. Está registrado que ocorreu um milagre, que um vento fora de época soprou forte e separou as águas do mar, tornando a fuga possível. Na minha vez, Deus me apoiou, venci e consegui até unificar o país. Levou cerca de dez anos para realizar isso. Por isso, acredito que vencer a batalha foi algo realmente grande. Por outro lado, você não acha que isso aconteceu porque Deus me amava muito? Penso que isso também precisa ser considerado um milagre. Além disso, aquele país e vários outros foram sendo conquistados gradativamente, com poder de converter até países cristãos em muçulmanos, tal como num grandioso milagre.

Rituais e Práticas Religiosas Islâmicas

O Alcorão não é um livro muito extenso, então os muçulmanos consultam o Hadith – um registro das minhas palavras e feitos, de como eu agi e do que considerei correto em diferentes circunstâncias. Esse é o padrão de conduta básico do islamismo, já que seria um problema se as pessoas agissem apenas do jeito que lhes fosse conveniente. Por exemplo, os muçulmanos voltam o rosto para Meca ao rezar. Se parassem de seguir essa regra e cada um fizesse do seu modo – alguns virando o rosto para a Antártica, outros para o polo Norte – com certeza seria uma bagunça. O fato de todos os muçulmanos ao redor do mundo voltarem o rosto para Meca para orar aumenta seu sentido de unidade e seu foco em Deus.

Acho que hoje o Islã enfrenta dificuldades porque seus preceitos estritos não se adaptam com facilidade aos tempos modernos. Quando se trata de tradição, se você destrói uma coisa, tudo vem abaixo. Em alguns casos, uma raça inteira é destruída quando seu povo abandona a fé em seu deus e em sua religião. Isso pode ter ocorrido com os nativos americanos, assim como com as tribos nativas das Américas Central e do Sul. Penso que algumas coisas sem dúvida devem ser mudadas, mas corremos o risco de perder muito quando revemos nossas tradições.

O Ramadã e o Hajib

Creio que os não muçulmanos com frequência se sentem desconfortáveis com nossas práticas tradicionais. Por exemplo, os muçulmanos jejuam durante o mês do Ramadã. Mas os budistas também jejuam. Na realidade, pegamos a ideia do jejum emprestada do budismo – afinal, o sudoeste da Ásia é muito próximo da Índia. O Ramadã é um exemplo de como o islamismo integrou as práticas espirituais hindus e budistas. Jejuar pode ser difícil se você não está habituado a isso, mas, como prática religiosa, não vejo nada de estranho nela.

Além disso, o véu que as mulheres usam (o hijab*) gerou muita controvérsia e criou discriminações. É um costume muçulmano que a mulher cubra seu corpo inteiro, deixando apenas os olhos à mostra; as mulheres não têm permissão de mostrar seu rosto a outros homens, exceto seus maridos. Do ponto de* vista ocidental, esse costume é perturbador. Há muita preocupação com essa questão, e na Europa fala-se em proibir o uso do véu. Admito que o Alcorão e o Hadith realmente ensinam que as mulheres devem usar véu, mas não tenho intenção de impor essa prática aos muçulmanos modernos. No meu tempo, usávamos véus no deserto porque nos protegiam do sol forte. Enrolávamos os véus da cabeça aos pés, basicamente para evitar queimaduras de sol. Não me importo se pessoas de outras regiões e climas usam outro tipo de roupa.

Exigíamos que as mulheres usassem o hijab porque naqueles dias vivíamos basicamente no tipo de mundo descrito em Ali Babá e os Quarenta Ladrões. As mulheres talvez estivessem mais seguras se não desfrutassem de boa aparência, mas se tivessem um rosto charmoso e fossem atraentes, podiam facilmente ser raptadas por bandidos. Em resumo, elas corriam grande risco de ser sequestradas, então cobriam o rosto para dificultar aos homens a avaliação de sua aparência. Eram proibidas de exibir o rosto a homens que não fossem seus maridos, a fim de que os outros não soubessem como era sua aparência. Os ladrões não se arriscavam a raptar uma mulher qualquer, para acabar descobrindo, por exemplo, que se tratava de uma idosa. Portanto, uma das razões pelas quais implantamos esse sistema foi para proteger as mulheres. O hijab é também um símbolo de recato, e como tal constitui um indicador cultural de feminilidade. Os ocidentais parecem ter esquecido essa noção de recato; ao contrário, parecem incentivar as mulheres a se "exibirem". Portanto, o hijab é também um ícone cultural.

Existem divergências de ponto de vista e de opinião, e cada país passa por vários tipos de mudança; por isso, acredito que, até certo ponto, deve-se aceitar essa diversidade. Da perspectiva de um não muçulmano, com certeza deve parecer *estranho uma mulher cobrir a cabeça com um véu preto, mas o mesmo ocorre com alguns ocidentais, que acham estranha a aparência dos estudantes japoneses que usam uniformes escolares com colarinho alto, como soldados ou serviçais. Por exemplo, as escolas japonesas impõem uniformes aos seus estudantes para minimizar as distinções de classe social; o uniforme torna mais difícil avaliar de que classe cada estudante é proveniente. Eles também evitam que os estudantes fiquem se dispersando com questões de moda e de escolhas a respeito do que usar. Portanto, trata-se apenas de diferenças culturais.*

Hoje, as pessoas usam terno e gravata, mas imagine se, por exemplo, alguém estivesse usando uma gravata no Japão do século XV: com certeza todos ririam dele. As pessoas com certeza iriam ridicularizá-lo, dizendo: "Que coisa esquisita é essa dependurada em volta do seu pescoço?"

O vestuário é uma questão de hábito cultural, um aspecto da cultura humana. Quando determinada cultura começa a preponderar sobre as outras, seus costumes culturais também predominam, e quando essa cultura definha, seus costumes também entram em declínio. Portanto, não acho que todo mundo deveria se vestir exatamente do mesmo modo.

Fico triste ao ver os muçulmanos na Europa sendo discriminados devido às suas práticas rituais. As pessoas tendem a achar que todo muçulmano é um homem-bomba. Gostaria de contribuir de algum modo para que houvesse uma compreensão maior a respeito disso.

Poligamia

Casei-me com minha primeira esposa, Khadija, quando tinha 25 anos. Ela tinha uns quarenta, e quando fundei minha religião tornou-se minha primeira apoiadora e fiel. Fui monogâmi-

co enquanto ela viveu. Embora a poligamia fosse permitida, mantive-me estritamente monogâmico por prudência. Persevere e resisti ao desafio da monogamia durante 25 anos. Depois que ela faleceu, Deus me deu permissão para casar com outras mulheres. Casei-me com várias mulheres que me admiravam por ter sido fundador do islamismo, e fui abençoado com muitos filhos. Acho que essa foi uma bênção de Alá. Os filhos de meus últimos casamentos seguiram cada um seu caminho e mais tarde fundaram as diferentes seitas islâmicas, o que resultou na difusão do islamismo pelo mundo.

Não fui parar no Inferno, mesmo tendo me casado com mais de dez mulheres. Por isso, não acho que a monogamia seja um ensinamento de Deus. É mais uma questão terrena, como os contratos, as leis ou os preceitos que têm se formado com base no ciúme. Essa é a minha compreensão. A mim parece estranho determinar se uma religião é boa ou má em razão de seu sistema de casamento.

Neste mundo, as pessoas têm opiniões diferentes sobre a poligamia. Mas desde que ela não envolva nenhum tipo de comportamento criminoso, não vejo nada de religiosamente impróprio nela. Jesus não diz nada na Bíblia sobre a monogamia. Ela talvez esteja relacionada com antigas crenças judaicas. Se você for procurar as origens da monogamia, certamente descobrirá que suas raízes estão no judaísmo. Era, na realidade, um ensinamento dado às classes trabalhadoras na antiga Judeia, e não se aplicava à nobreza ou aos ricos.

Acho que no Antigo Testamento há um relato de um casal que não conseguia gerar filhos, e então o marido teve permissão de casar com outra mulher. Como Sara, a mulher de Abraão, não podia ter filhos, ela disse ao marido que tomasse Hagar como esposa, então ele se casou com ela. E Deus aceitou isso. Mas então, inesperadamente, quando eles tinham oi-

tenta ou uma centena de anos de idade – não me recordo exatamente, mas com certeza tinham idade bem avançada – Deus lhes disse que Abraão iria ter um filho de Sara, e foi isso de fato o que aconteceu. Há algumas coisas verdadeiramente inacreditáveis narradas no Antigo Testamento, mas esse tipo de desafio doméstico com certeza existiu.

Em alguns casos, em vez de se casar com várias mulheres da sua própria classe social, os antigos judeus adotavam uma parceira da classe dos escravos ou dos servos. Essa prática não se restringia somente aos judeus, mas sabe-se que também era um costume no antigo Egito. Nessa situação, o marido podia tratar sua nova parceira de modo diferente do que tratava a mulher. O mandamento de Moisés proibindo o adultério não se aplicava a mulheres da chamada classe dos escravos, que eram obrigadas a servir os homens que fossem seus donos.

Em suma, não fui o único responsável pelo estabelecimento da cultura da poligamia. Ela já existia nas regiões desérticas, inclusive no Egito. Até mesmo Buda teve quatro esposas antes de abandoná-las para se tornar um asceta. Acho que Moisés teve mais do que duas esposas. Parece que, na verdade, até mesmo Jesus teve duas ou três esposas. Sócrates também tinha duas esposas. E os marajás da Índia e os homens ricos da Arábia também praticavam a poligamia.

Como podemos ver, existem diferentes estilos de relacionamento. As pessoas devem ser capazes de conversar e decidir o que fazer, desde que o relacionamento se baseie no amor mútuo. Não acredito que a prática da poligamia possa ser o teste para determinar se uma religião é boa ou má ou se é guiada por Deus ou pelo Demônio. Ao avaliar uma religião, você precisa ponderar com cuidado se os seus ensinamentos são adequados ao tempo e ao lugar em que ela se encontrava, e levar em conta as situações nas quais os ensinamentos foram transmitidos. Fico desapontado ao ver nossa religião sendo julgada como má simplesmente por causa do sistema de casamento que adotamos.

Tive uma boa razão em apoiar a poligamia para os muçulmanos. Durante o período de guerra incessante entre Medina e Meca, muitos homens jovens foram mortos, e com isso muitas crianças ficaram órfãs e muitas mulheres enviuvaram. No deserto, se uma mulher fica sozinha ou apenas com seus filhos, sem um homem para protegê-la, ela morre, e quase sempre de fome. Assim, incentivei as mulheres a se casarem de novo. Recomendei aos homens financeiramente capazes que assumissem essas viúvas. Queria me assegurar de que elas seriam cuidadas, então permiti que meu povo praticasse a poligamia.

Em suma, a ideia era que quem tivesse recursos ou riqueza suficiente faria bem em assumir os cuidados de outras pessoas. Hoje, o governo implanta um sistema de taxação progressiva ou outros tipos de esquemas de bem-estar social para dar conta dos menos favorecidos. Naqueles dias, porém, tais providências não existiam, e você cuidava de outras pessoas acolhendo-as em sua família.

Nos tempos antigos, era comum um homem bem-sucedido dar sustento a todos os seus parentes. Do mesmo modo, o sistema de poligamia era um tipo de sistema de bem-estar social, portanto não acho que fosse inteiramente mau. Naquela época, era basicamente impossível para as mulheres viverem por conta própria. Havia, é claro, algumas exceções, como minha esposa Khadija, que era dona e gerente de uma caravana comercial. Havia mulheres capazes, que equivaliam às atuais mulheres executivas de empresas. Mas, em geral, uma grande porcentagem das mulheres precisava receber apoio e proteção para poder sobreviver.

Nações cristãs nunca aceitariam tal sistema. Mas elas também enfrentaram alguns problemas. Muitas famílias estão se separando porque usam a monogamia como critério para determinar o bem e o mal. Além disso, o conceito cristão de pacto tem seus aspectos positivos e negativos. Não podemos simplesmente aplicar a mesma regra que vincula Deus e os humanos às relações entre duas pessoas. Isso pode funcionar bem nos negócios e na lei, mas quando se trata de questões emocionais, as regras diferem de uma pessoa para outra. Então, creio que seja melhor adaptar seu ponto de vista ao que for melhor para a época em que você vive. O casamento é uma das experiências importantes que podemos ter neste mundo como parte de nosso treinamento da alma, portanto devemos ser capazes de usar nosso livre-arbítrio para escolher um sistema de casamento.

Os Direitos das Mulheres

Por outro lado, acredito que o islamismo precisa rever e mudar sua posição em relação aos direitos das mulheres. No Islã, um homem pode casar com até quatro mulheres, mas se uma mulher se envolve em algum "amor livre" fora do casamento oficial, pode até ser sentenciada à morte. As nações cristãs criticam os muçulmanos pela severidade dessa punição. Ela não está de acordo com a compreensão moderna dos direitos humanos, portanto acho que os muçulmanos devem reconsiderar essa questão.

No islamismo há ainda uma cultura de ceder uma filha em troca de bens materiais. Os muçulmanos ainda tendem a ver as mulheres como propriedade, e é raro que os pais permitam que suas filhas escolham os maridos que quiserem. A razão disso é que os pais investem nos seus filhos até eles alcançarem a idade adulta. Os filhos são um investimento familiar. É costume no mundo árabe os pais receberem um dote proporcional ao custo gerado pela criação de sua filha. Portanto, se, por exemplo, uma filha se apaixona por alguém e se casa enquanto ainda está estudando no exterior, os pais se sentem como se lhes tivessem roubado o dinheiro que investiram na filha. É claro, essa ideia leva os pais a tratarem a filha como propriedade, e alguns consideram que isso é uma violação dos direitos humanos. Mas essa prática também estimula os pais a criarem a filha com afeto e atenção, já que, fazendo isso, com certeza receberão um dote quando ela se casar.

Não é tão fácil ser pródigo em afeto com sua filha se você sabe que um dia ela poderá ser "roubada" de você. Os pais teriam menos incentivo em sustentar sua filha – gastar dinheiro com ela, mandá-la para a escola, pagar outros estudos, comprar boas roupas e maquiagem e dar-lhe tudo o que precisasse –, apenas para vê-la ser levada embora por algum rapaz pelo qual ela de repente se apaixonasse. Por outro lado, se lhe oferecerem vinte ovelhas de dote, por exemplo, você pode sentir que a troca foi justa. Ou pode achar que sua filha vale muito mais que isso – talvez cem ovelhas. Na nossa cultura, é dever do pai e dos irmãos administrar esse tipo de negociação.

Há uma regra não escrita segundo a qual se um homem leva uma mulher embora e não paga um dote apropriado, os irmãos dela devem encontrá-lo e matá-lo. Colocar a cabeça de alguém a prêmio e caçá-lo ao redor do mundo soa como uma história da Era dos Estados Combatentes,[9] *mas essa mentalidade "olho por olho" ainda persiste. Porém, não estou certo se isso ainda pode ser considerado adequado ao contexto moderno.*

---

9. A Era dos Estados Combatentes foi uma das fases mais conturbadas da história japonesa, marcada por contínuos conflitos armados entre os diferentes reinos do país. (N. do E.)

Sucesso Militar e Riqueza

O fato de minha esposa ser uma das pessoas mais ricas de Meca foi uma grande bênção para o início do islamismo. Nossas atividades teriam sido impossíveis sem alguma espécie de apoio financeiro. Toda atividade religiosa requer apoio financeiro.

Afinal, eu era como um homem de negócios trabalhando hoje em uma empresa de comércio exterior. Em termos atuais, seria como um executivo de boa aparência escolhido por uma rica amante. Fui capaz de iniciar uma religião devido aos recursos financeiros que minha esposa me colocou à disposição. Seu dinheiro também me permitiu obter credibilidade dentro da comunidade e contratar empregados.

Conseguimos sucesso militar em grande parte graças à equipe de logística que formei. Eu havia desenvolvido a habilidade necessária para fazer isso em meus quinze anos liderando mercadores em caravanas de camelos e me envolvendo no comércio. Meu trabalho no comércio deu-me um excelente tino comercial. Realizei negócios no Egito, na Índia e até na China, portanto sabia como ganhar dinheiro e negociar acordos.

Mas no que se refere a difundir o islamismo, o sucesso não veio com facilidade. Foi muito difícil vencer a resistência das crenças politeístas da tribo dos Quraysh. Foi uma verdadeira luta fazer com que abandonassem sua religião ancestral. No final, foi por eu ter sido inesperadamente abençoado com talento em assuntos militares que conseguimos chegar à vitória. Isso parece ter tido um efeito duradouro até o presente: hoje, os muçulmanos se envolvem em atividades terroristas e guerrilha ao redor do mundo. Se isso é por culpa minha, realmente sinto muito. Sinto-me muito mal quando vejo uma dona de casa com dinamite presa em volta da barri-

ga atirando-se em desespero sobre o inimigo. As táticas militares muçulmanas parecem não ter avançado muito desde a minha época. Gostaria de ver os muçulmanos usando métodos mais modernos.

Sou parecido com Hermes por ter obtido sucesso tanto na batalha quanto nos negócios. Eu possuía tino comercial. Pelo que posso afirmar com base na Bíblia, Jesus tinha pouco tino comercial. Era carpinteiro, mas como não ouvimos nada a respeito de seu sucesso financeiro como carpinteiro, não deve ter se dedicado muito ao seu trabalho. Pregou pelo país sem gastar dinheiro, e foi de refúgio em refúgio recebendo apenas pequenas quantias de apoio financeiro de vários de seus fiéis. Acho que ia de um lugar a outro enquanto as mulheres que o acompanhavam cuidavam de preparar sua comida. Ao contrário, eu reuni um exército e travei guerras, o que mostra que fui capaz de montar um departamento de logística e dirigir uma organização. Para algumas pessoas, o mundo islâmico pode parecer empobrecido hoje em dia, mas nossa religião na realidade foi alimentada por "sangue de mercador" desde o seu início.

Acho a riqueza importante. Na minha época, as pessoas podiam acumular riqueza por meio do comércio, mas hoje isso depende em grande parte de conseguirem extrair petróleo de suas terras. Em algum momento o petróleo vai acabar, e elas precisarão encontrar um novo recurso. Se não, terão dificuldades para sobreviver em uma região desértica. Elas não têm nem como criar animais, a não ser que disponham de algum oásis por perto.

Espero que consigam construir mais instalações de conversão de água salgada em água potável. Gostaria de vê-las dedicando-se a novos tipos de colheitas ou criando animais que pudessem se tornar novas fontes de proteínas. Também gostaria que adquirissem capacidade tecnológica para pro-

duzir e manufaturar novos produtos e bens. Acho que essa era de depender do petróleo está se encerrando. Por isso, a meu ver deveríamos começar a transformar a estrutura geral da nossa civilização agora, antes que o petróleo acabe.

A Prática da Humildade perante Deus

Como tenho dito, os ensinamentos do islamismo se baseiam no Antigo e no Novo Testamento do cristianismo. No Livro do Gênesis, que segundo se acredita foi escrito por Moisés, a diferença entre Deus e a humanidade é muito clara. Deus é retratado como o ser que separou o Céu da Terra, criou o mundo em seis dias, e descansou no sétimo.

Claro, não acredito que o mundo tenha sido criado realmente em seis dias; acho que essa história tem um elemento simbólico. Mas ela mostra que a distância entre Deus e a humanidade é extraordinariamente grande. Sem dúvida, há também enormes diferenças entre os seres humanos, por exemplo, entre o rei e a nobreza de um país e seus cidadãos comuns. Mas essas diferenças são relativamente pequenas em comparação com a imensa distância entre os seres humanos e Deus, que criou o mundo e todas as criaturas. Não há como Deus estar no mesmo nível dos seres humanos.

Eu queria ressaltar com veemência o poder absoluto e a natureza suprema de Deus, então destaquei a importância da humildade humana perante Deus. Assim, embora as pessoas sejam todas diferentes – há ricos e pobres, alguns têm alto status, outros um status baixo –, quando estão diante do único Deus, todas devem fazer uma reverência, prostrando-se humildemente.

Pode-se ter opiniões diferentes em relação a essa questão, mas acredito que devemos nos pôr de joelhos diante do único Deus, como uma forma de cortesia, para demonstrar-

-lhe nosso respeito. E quando as pessoas assumem uma postura submissa perante Deus, todas se tornam iguais; essa postura de humildade é um símbolo da igualdade de todos perante Deus.

A ideia ocidental moderna de liberdade leva os indivíduos à pretensão de querer tomar o lugar de Deus. Acho que as pessoas começaram a pensar dessa forma à medida que foram ganhando maior conhecimento mundano. Nos séculos XIX e XX, os homens ficaram muito cheios de si e chegaram ao extremo de dizer que Deus era uma criação dos seres humanos – um produto ficcional da imaginação humana. Acho que as pessoas ficaram muito presunçosas. Os que pensavam assim eram intelectuais e educadores, que levaram os demais a acreditar nisso também.

A difusão desse tipo de ideologia com certeza despertou a ira de Deus e trouxe consequências. Por isso, acredito que é minha tarefa inspirar um sentimento de assombro em relação a Deus e despertar as pessoas para a sua natureza original. A fim de cumprir com esse propósito, acho importante que o islamismo se difunda em termos globais.

O maior problema daquele que é chamado de mundo livre é que ele carece de igualdade. Tudo passou a se resumir à "sobrevivência do mais apto". Se enfatizarmos a igualdade perante o único Deus, a igualdade sob um Deus absoluto ou a submissão ao Deus absoluto, poderemos reduzir as disparidades criadas por esse mundo da sobrevivência do mais apto. E entre esses dois princípios, a visão que distingue Deus dos humanos é melhor para desenvolver a fé das pessoas. Não creio que seja bom para os humanos sentirem-se muito próximos da envergadura de Deus.

Sinto-me pouco à vontade com a ideia de "amar a Deus". Para mim, essa expressão soa como se Deus fosse sua esposa. Não acho que deveríamos tratar Deus desse modo. Deus é o ser absoluto. É mais correto dizer que os seres humanos recebem a misericórdia de Deus do que dizer que os seres humanos amam a Deus. A distância entre Deus e a humanidade é gigantesca. É como a relação entre o Sol e a Terra. O Sol pode nos parecer pequeno, pois estamos muito distantes dele. Mas é o calor e a luz do Sol, descendo sobre nós em um fluxo incessante e unilateral, que permitem que todas as coisas tenham vida. As plantas e campos cultivados crescem, e por sua vez alimentam animais e seres humanos e lhes permitem viver. Desse modo, recebemos grandes bênçãos do Sol. A relação entre Deus e os seres humanos é como a relação entre o Sol e a Terra. A Terra pode ter algum efeito sobre o Sol, mas é em grau muito pequeno: ela simplesmente intercepta a luz do Sol de certo modo ao absorvê-la. A relação entre o Sol e os planetas se parece com aquela entre pai e filho. Como os planetas giram em torno do Sol, ele sente um tipo de amor, afeição ou intimidade como os pais sentem pelos filhos.

Seja como for, acredito que há uma distância incomensurável entre Deus e a humanidade. Aos meus olhos, Deus é Alá, o Todo-Misericordioso, que unilateralmente derrama misericórdia sobre os seres humanos. Estes, por sua vez, podem apenas adorá-Lo, admirá-Lo e se dedicarem a Ele. Nesse sentido, a ideia cristã de "ama teu Deus", que também foi adotada na antiga Grécia, parece ser como uma semente de presunção que está prestes a brotar.

Moisés repudiou a prática da idolatria, portanto rejeitar a adoração de um ídolo não é uma ideia nova. Mas os muçulmanos de certa forma levaram essa ideia a um extremo, e isso pode ter causado problemas historicamente. Para os muçulmanos, adorar uma estátua ou um objeto como se fosse Deus é uma blasfêmia. Eles sentem que adorar uma estátua de um ser humano como se fosse um Deus rebaixa Deus ao nível dos seres humanos, portanto rejeitam essa prática como idolatria. Mas eu compreendo por que as pessoas têm opiniões diferentes a respeito disso.

Violência, Revolução e a Sobrevivência do Islamismo

Mais ou menos durante o mesmo período em que o Ocidente passou por uma modernização, tentamos também vários experimentos para trazer inovações ao Islã, mas sem nenhum sucesso muito duradouro. O auge da nossa civilização já passou. O islamismo floresceu na Idade Média, mas desde o início da era moderna ficamos para trás. Já outras religiões floresceram. O cristianismo, por exemplo, que havia declinado na Idade Média, recuperou seu poder. Enquanto países, o Japão e os Estados Unidos ganharam força.

O plano que Deus tem para tudo isso está acima da minha compreensão. As civilizações surgem e desaparecem, e não sei dizer o que poderá acontecer. Mas acredito que se o islamismo chegar a um impasse como religião, ocorrerão reformas inevitáveis. O islamismo tem hoje mais de 1 bilhão de adeptos e ainda está em expansão. Isso quer dizer que muitas pessoas veem valor nele. O fato de o número de muçulmanos aumentar mostra que ele está ganhando popularidade. Enquanto o cristianismo se difundiu entre aqueles que buscavam a liberdade, o islamismo está se disseminando entre os que procuram a igualdade e a submissão a Deus. Isso provavelmente significa que esses dois princípios são igualmente importantes para os seres humanos.

Quando uma religião estabelece determinado estilo, esse estilo pode criar problemas, mas também pode gerar resultados. Na época da fundação do islamismo, envolvemo-nos em conflitos. Se tivéssemos perdido aqueles conflitos, não teria sobrado nada. Uma nova religião, minúscula, teria surgido para logo em seguida ser esmagada, e esse seria o final da história.

A religião é algo inerentemente revolucionário. O grau de poder que uma religião exerce varia, dependendo de seu potencial revolucionário permanecer ideológico ou ser acompanhado de ação militar. O islamismo é uma religião, mas em certo sentido acho que se parece com o comunismo. Os comunistas têm justificado o ato de matar dizendo que a revolução nasce no cano de uma arma. Em outras palavras, os comunistas priorizam os fins em relação aos meios. Eles não estão dizendo que os fins justificam os meios. Estão apenas validando os meios violentos. Dizer que "uma revolução nasce do cano de uma arma" é o mesmo que afirmar que "não se pode fazer uma revolução sem que haja matança". Uma nação com essa filosofia pode dominar instantaneamente outros países que estejam comprometidos com a paz ou que tenham uma abordagem conciliatória dos conflitos. Foi o que aconteceu com o Tibete.

Algumas pessoas dizem que o islamismo destruiu o budismo na Índia, mas isso porque os monges budistas eram fiéis aos ensinamentos de não violência do Buda Shakyamuni, que os proibiam de lutar e matar. Eles se comportaram de maneira muito nobre como seres humanos, mas sua atitude permitiu que o islamismo destruísse o budismo num piscar de olhos. Devido ao seu compromisso com a não violência, os budistas são facilmente derrotados.

Às vezes, para se proteger, você não tem outra opção a não ser matar seus inimigos. Nessa hora, se você seguir rigorosamente o preceito de não violência, será derrotado. Acho que os membros do clã Shakya foram todos massacrados. Às vezes, você tem de partir para a ação justa para se proteger. Compreendo que nem sempre é fácil dizer de que lado está a justiça, mas também é verdade que, se você é derrotado, você simplesmente desaparece.

Se você aderir estritamente à não violência, em princípio estará condenado à destruição. A questão é: você vê algum problema em todos os seus concidadãos serem aniquilados? Se a resposta for sim, então você precisa mudar sua maneira de pensar. No mundo da divindade, os muitos deuses têm uma miríade de opiniões diferentes. Mas a maioria deles apoiaria a ideia de se proteger contra uma agressão injusta.

Embora Jesus tenha se tornado um cordeiro sacrificial, os cristãos atacam seus inimigos com fúria. Jesus ensinou: "Ao que te ferir numa face, oferece-lhe também a outra" (Lucas 6:29), mas os cristãos revidam sem hesitar. Eles não estão seguindo de fato os ensinamentos de Jesus. Seu fundador disse: "E ao que te houver tirado a capa, não lhe negues também a túnica" (Lucas 6:29), e "Se alguém te obrigar a caminhar mil passos, vai com ele dois mil" (Mateus 5:41) – mas, mesmo assim, os cristãos atacam seus inimigos. Portanto, acho válido diferenciar entre assuntos mundanos e ensinamentos religiosos. Acredito que devemos dar um desconto na interpretação de ensinamentos religiosos, de modo que possamos ainda fazer o que precisa ser feito neste mundo, inclusive o mundo da política.

Pensamentos do Mestre Okawa

Alá e El Cantare

O chamado de Maomé começou com as revelações espirituais que recebeu nas montanhas. Mas, quando o primeiro espírito desceu sobre ele, Maomé pensou que fosse o *jinn* do deserto, um mau espírito. É muito natural que tenha pensado isso; segundo as descrições de sua primeira revelação, seu corpo estremeceu e ele começou a suar frio. Esses são os sintomas que experimentei quando maus espíritos vieram até mim. Como Maomé era médium, poderia ter recebido influências espirituais negativas, também.

Porém, considerando a universalidade do islamismo, que se difundiu para bilhões de pessoas, é mais seguro dizer que Maomé estava recebendo revelações de profetas que guiavam a região do deserto. No entanto, Maomé não soube dizer claramente quem estava enviando-lhe mensagens espirituais.

Poucos profetas tinham a capacidade de identificar quais espíritos estavam falando com eles. Mesmo Jesus Cristo não tinha uma ideia clara de quem exatamente estava enviando as mensagens que recebia. Moisés e outros profetas hebreus tampouco conseguiram identificar os espíritos que falavam com eles. Por isso, todos os chamavam de "Deus" – mas também se referiam a esse deus por nomes diferentes, como Yaveh, Jeová e Elohim. De maneira semelhante, Maomé não soube identificar quem estava falando com ele, por isso o chamou de Alá.

É preciso possuir um nível de consciência espiritual excepcionalmente elevado para identificar espíritos e compreender suas personalidades e opiniões sobre diferentes assuntos. Na realidade, um dos aspectos característicos da comunicação espiritual com a qual estou envolvido agora é que possuo a capacidade de identificar com clareza os espíritos que entram em contato comigo. Isso é muito raro na história da humanidade. Pelo que sei, acredito que sou o único capaz de fazer isso.

Como outros profetas, Maomé não sabia de fato dizer quem estava lhe enviando as mensagens que recebia, e de início achou que eram de Alá, o deus do Oriente Médio. Mas alguns cristãos disseram-lhe que Deus era grandioso demais para se comunicar diretamente com seres humanos, e que só enviava revelações por meio de anjos. Por isso, Maomé dizia que estava recebendo revelações por meio de Jibril, o arcanjo Gabriel, o responsável por enviar mensagens celestiais à Terra. Maomé não era de fato capaz de discernir quem estava lhe enviando mensagens. A verdade é que um grupo de espíritos divinos estava enviando mensagens a Maomé. Eu, na realidade, era um deles.

O deus da criação era adorado na península Arábica desde tempos pré-islâmicos. Alá não é nome de algum Deus; é um termo geral que significa "deus da criação". Isso fica evidente no fato de o nome do pai de Maomé ser Abd Alá, que significa "servo de Deus".

Na fé do Oriente Médio, o nome do deus da criação era Elohim. Este era o deus em que as pessoas no Oriente Médio geralmente acreditavam antes do surgimento do islamismo. Elohim é o deus que agora chamamos de El Cantare. El Cantare enviou Maomé à Terra com a mesma missão dos profetas cristãos e hebreus: transmitir Seus ensinamentos às pessoas. O fato de ter guiado o judaísmo, o budismo, o cristianismo e o islamismo revela a magnanimidade de El Cantare.

Durante uma conversa espiritual que tive com Maomé, perguntei-lhe quem ele achava que Alá era – se era Yaveh ou Jeová, e se Alá era também o deus do judaísmo e o deus do cristianismo. Ele disse acreditar que Alá na realidade é El Cantare. Disse que o deus em que ele acredita é El Cantare, mas que não é fácil para ele desistir de uma luta que dura há mais de 2 mil anos. Portanto, parece que para resolver esse conflito e chegar a uma solução teremos de aumentar nossa consciência e nossa fé no deus mais elevado, El Cantare.

As Contribuições e Limitações de Maomé

A grande realização de Maomé foi trazer inovação ao mundo religioso. No seu tempo, as pessoas no Oriente Médio adoravam deuses de pedras e árvores, entre muitos outros. Se tivessem ficado como estavam, teriam encontrado dificuldades em desenvolver uma religião mais avançada.

O movimento revolucionário de Maomé removeu as crenças primitivas e construiu a fé em um deus superior. Maomé então conseguiu unificar seu povo sob uma fé compartilhada no mesmo deus. No geral, tratou-se de um movimento revolucionário, que promoveu o descarte sistemático de crenças primitivas e trouxe avanços para o mundo religioso. No entanto, esse movimento causou muito derramamento de sangue. Os Quraysh não aceitaram que Maomé negasse a fé deles e o atacaram ferozmente. Maomé, sem dúvida, contribuiu para o avanço da religião, mas sua compreensão de Deus não era perfeita.

Há diversos espíritos divinos ou Espíritos Elevados residindo no Céu, e muitos deles são os deuses reverenciados ao redor do mundo. Portanto, não é certo acreditar que exista apenas um deus e que todos os outros sejam falsos.

Mesmo assim, também é verdade que os diferentes deuses estão em níveis distintos e que El Cantare é o Deus Supremo que guia o planeta Terra. Embora exista uma hierarquia de deuses, acredito que é melhor que todas as religiões se desenvolvam e prosperem, e ao mesmo tempo mantenham uma relação harmoniosa entre elas.

Igualdade e Liberdade

Durante uma conversa espiritual, perguntei a Maomé que ideia ele mais gostaria de difundir. Sua resposta foi a igualdade. Disse que gostaria de difundir a ideia de igualdade entre os seres humanos. Uma fé monoteísta, afirmou ele, ensina que apenas Deus deve ser reverenciado – que todos os seres humanos são iguais perante Deus, e que, portanto, ninguém deve ser arrogante.

Acredito que as pessoas têm de ter oportunidades iguais para alcançar sucesso. Para esse fim, às vezes precisamos fazer ajustes, de modo que a distância entre as pessoas não se torne grande demais. Os seres humanos têm um desejo inerente de igualdade, portanto o conceito de igualdade pode promover o bem entre as pessoas. Mas se você precisar escolher entre liberdade e igualdade, optar pela liberdade ira levá-lo a uma felicidade maior.

O exemplo a seguir pode ser um pouco extremo, mas se o que levasse à felicidade fosse a igualdade pura e simples, você poderia dizer que os internos de uma prisão deveriam ser felizes, pois são todos iguais. Recebem tratamento idêntico na prisão: tomam o mesmo café da manhã e comem o mesmo almoço e jantar; usam o mesmo tipo de roupa; dormem no mesmo lugar; e trabalham o mesmo número de horas. Mas se você fosse um desses internos, poderia afirmar que é feliz por ser igual aos demais internos? Com certeza, não. Seria infeliz, porque estaria sendo privado da liberdade. As pessoas sofrem mais por perder sua liberdade do que por não desfrutarem de igualdade. Você pode imaginar o grau de felicidade que um presidiário sente quando é libertado da prisão? A privação de liberdade é uma punição severa.

Com liberdade, você tem a oportunidade de se tornar presidente de um país ou acabar como mendigo. Esse tipo de liberdade pode criar uma sociedade desigual, em certo sentido. Mas vendo por outro ângulo, a liberdade dá a oportunidade de nos testarmos neste mundo. Você tem a liberdade de abrir uma empresa, poupar dinheiro, concorrer ao Congresso e almejar a presidência, mas há sempre a possibilidade de que você inicie uma empresa e vá à falência e se torne um sem-teto. Pode enfrentar graves consequências dependendo das escolhas que fizer – mas ainda assim é melhor ter liberdade do que igualdade.

Sem dúvida, é preciso haver programas que funcionem como uma rede de segurança, para ajudar aqueles que não forem capazes de sobreviver num mundo competitivo. Precisamos criar uma sociedade onde o governo e os ricos tenham espírito de caridade e ajudem os menos privilegiados a manter um padrão mínimo de vida, saudável e com acesso à cultura. No entanto, não precisamos de uma sociedade onde todos obtenham os mesmos resultados.

Hoje, a maioria das nações islâmicas está empobrecida, com exceção de uns poucos países ricos produtores de petróleo. Se o islamismo difundir o conceito de igualdade, há o risco de tomar o lugar do comunismo e acabar estabelecendo uma igualdade em termos de pobreza.

O Futuro das Nações Islâmicas

Não tenho nenhuma intenção de negar o Islã. Mas a crença dos muçulmanos de que tudo acontece segundo o desejo de Alá faz com que percam o espírito de autoajuda. Em minha opinião, os esforços de autoajuda podem melhorar as nações do mundo islâmico. Em vez de atribuir sua pobreza exclusivamente aos desígnios de Deus, os muçulmanos melhorarão de situação ao estudar mais, trabalhar e tentar conceber soluções criativas para os seus problemas.

Acredito que meu país nativo, o Japão, deveria ajudar os países islâmicos a prosperar fornecendo-lhes assistência tecnológica. As companhias japonesas poderiam investir nas nações islâmicas, e o governo japonês poderia implantar políticas de apoio a essas nações. Também gostaríamos de difundir nosso novo movimento espiritual, a Happy Science, que se apoia na tradição japonesa de integrar valores diversos e ao mesmo tempo manter uma fé sólida, de modo que pudéssemos evitar que as nações islâmicas e cristãs se envolvessem em um derradeiro confronto aberto. Gostaríamos de difundir novos ensinamentos que servissem como mediação e reconciliação entre o islamismo e o cristianismo, para que juntos possamos criar uma nova era de espiritualidade.

Epílogo

Verdades Eternas para um Mundo Feliz

Epílogo

1

Verdades Eternas para uma Sociedade em Transformação

Quando faço um retrospecto da jornada que me trouxe aonde estou hoje, vejo que percorri um longo caminho desde os primeiros anos de desenvolvimento da minha filosofia espiritual. Proferi minha primeira palestra quando tinha trinta anos de idade. Desde então, dei mais de 2.300 palestras, publiquei mais de 1.800 livros e produzi vários filmes. Em anos recentes, a força da minha pregação fez um avanço considerável devido às minhas viagens aos nossos templos no Japão e no exterior. Tenho mantido um ritmo intenso de palestras, pelo menos uma por semana. Muitas pessoas se admiram por eu conseguir manter tal ritmo e ainda assim preservar a chama da minha paixão. Às vezes, até eu fico admirado. Quando penso nisso, acredito que tudo o que tenho feito só foi possível pelo sentido de missão e dever que continua a arder dentro de mim. Com frequência me perguntam como consigo manter esse meu senso de dever ativo continuamente. Só posso descrever isso dizendo que há uma parte de mim que acredita que eu mesmo *sou* uma missão. Eu sou minha missão; minha missão é aquilo de que minha vida é feita.

A civilização alcançou um grande avanço científico e tecnológico. No entanto, apesar do nosso progresso, perdemos o tipo de conhecimento que talvez seja o mais importante para nossa felicidade. Os humanos são essencialmente seres espirituais, e como tal habitam corpos físicos para poder viver na Terra. Essa é uma verdade básica que todos deveriam saber. Esta verdade tem sido ensinada pelas grandes religiões do mundo e por filosofias fundamentais do passado. Este mesmo conceito é transmitido não apenas pelas grandes religiões, mas também por religiões menores, étnicas, em todos os países. É uma verdade muito simples, que todas as religiões ensinam.

Mas mesmo aqueles que respeitam religiões e credos e que acreditam no mundo espiritual e nos espíritos precisam aprender as Verdades, porque ainda não as estudaram de modo adequado. Os tempos mudaram muito desde que as religiões do mundo foram criadas, há 2 mil anos ou mais. Por onde quer que olhemos, vemo-nos rodeados por avanços que seriam inimagináveis naquela época. Porém, apesar das repetidas reformas religiosas, muitas religiões não oferecem respostas às questões colocadas pela vida moderna. E alguns ensinamentos religiosos simplesmente se tornaram tão arcaicos que nem se aplicam mais ao mundo de hoje. Estamos vivendo uma nova era que requer novas maneiras de pensar, que servirão de alicerces para a nova sociedade que desejamos construir.

As Verdades universais que são comuns a muitas religiões têm o poder de levar as pessoas a serem felizes, mas só quando entendemos de fato essas verdades. E nossa má compreensão dos ensinamentos religiosos, e não as Verdades espirituais em si, é que têm levado ao terrorismo e à guerra, que fizeram tantas pessoas se afastarem da religião. Não haveria nenhum conflito se todos tivessem melhor compreensão das religiões mundiais e das Verdades de Deus.

Por exemplo, os ensinamentos do Buda Shakyamuni foram transmitidos por meio de escrituras chamadas sutras durante 2.500 anos. Mas apenas parte delas sobreviveu, e os budistas de hoje praticam somente algumas das Verdades. Enquanto isso, vários ensinamentos budistas degeneraram em meras formalidades desprovidas de consciência espiritual. Nas cerimônias, os budistas ainda recitam os sutras, mas eles foram escritos e traduzidos há tanto tempo que é impossível às pessoas de hoje entendê-los. Além disso, muitos monges budistas que desempenham cerimônias fúnebres sequer acreditam na vida da alma após a morte.

O cristianismo enfrenta um problema semelhante. Muitos cristãos não creem que possam ocorrer milagres hoje em dia, pois em sua mente os ensinamentos de Jesus ficaram congelados no tempo há 2 mil anos. Por exemplo, Joana D'Arc protegeu a França de uma invasão britânica, mas a Igreja Católica levou centenas de anos para reconhecer os diversos milagres que ela fez e canonizá-la. Os cristãos podem acreditar que o Pai do Céu e outros profetas falaram com Jesus, e que Jesus e seus discípulos operaram milagres, mas hesitam em crer em qualquer coisa que tenha acontecido desde os tempos bíblicos. Como as pessoas pararam de acreditar em milagres, estes pararam de acontecer em igrejas cristãs, e como os sacerdotes cristãos não acreditam mais em milagres, eles praticamente se restringem a interpretar a Bíblia.

Os cristãos também enfrentaram muitos desafios no que diz respeito à modernização de seus ensinamentos. Em alguns casos, os ensinamentos cristãos divergiam da pesquisa científica e da medicina. A Igreja Católica demorou centenas de anos para aceitar as teorias de Galileu e Copérnico. Quando examinamos fenômenos como a teoria heliocêntrica da estrutura do sistema solar, a Bíblia não deveria ser nossa fonte da verdade, e deveríamos nos voltar para os experimentos e observações científicos para determinar o que é correto. Depois que se faz algum progresso científico, a verdade adquire uma clareza inquestionável. Nesse caso, depois que o homem passou a transitar pelo espaço sideral, não há como negar que a teoria heliocêntrica é a correta.

Ao longo dos séculos, os cientistas fizeram várias descobertas que contradizem os ensinamentos bíblicos. Como resultado, muitas pessoas se afastaram do cristianismo e se aproximaram do ateísmo e do materialismo. Numerosos cristãos também aderiram à ciência prática, embora continuem considerando-se cristãos. Muitos deles são cristãos apenas de nome, pois querem garantir seus túmulos e funerais.

Tanto o Buda Shakyamuni quanto Jesus ensinaram que a alma é nossa verdadeira natureza e que estamos vivendo nesse mundo físico apenas temporariamente. Essas Verdades nunca irão mudar. Mas a maneira como vivemos neste mundo e o funcionamento da sociedade sofreram tremendas transformações. Os que vivem neste mundo moderno ficam se perguntando, no espírito de verdadeiros budistas e verdadeiros cristãos, o que será que o Buda Shakyamuni e Jesus diriam se vivessem nos dias de hoje.

Os fundadores de nossas religiões estabelecidas não lidaram com muitos dos problemas que enfrentamos hoje pela simples razão de que esses problemas não existiam naquela época, há milhares de anos. Para lidar com os problemas modernos, precisamos de novos ensinamentos alicerçados em maneiras universais de pensar e que estimulem uma reflexão objetiva como caminho para a felicidade. Precisamos de novos pontos de vista e opiniões que nos ajudem a discernir o certo do errado e que nos deem respostas e soluções aos nossos problemas de maneira adequada aos nossos tempos.

É essa crença que me leva a ter o bom senso de usar uma linguagem atual para explicar e difundir as Verdades às pessoas de hoje. É daí que vem minha força, e é isso o que me faz seguir adiante dia após dia.

2

As Raízes do Conflito Religioso

O Plano Celestial para a Felicidade Global: Fazer as Religiões Evoluírem com as Verdades Eternas

Se Deus existe, por que tanto conflito entre as pessoas de diferentes religiões? Já que há apenas um Deus, por que estamos nos matando uns aos outros? Em minha busca de respostas a essas questões, aprendi que Deus enviou um grupo de espíritos celestiais no início de cada nova era para transmitir ensinamentos novos, que guiassem as pessoas para a felicidade. Esses espíritos têm criado muitas religiões porque desejam que tenhamos todos o mesmo tipo de felicidade que formos capazes de alcançar durante nossa vida física, para depois levar-nos para a vida pós-morte.

Em um experimento civilizatório, muitos líderes religiosos foram enviados à Terra para ensinar os povos em regiões e eras determinadas. As diferenças entre suas personalidades resultaram nas variações entre as distintas religiões. Como Deus criou várias religiões para nos ensinar a felicidade, podemos ver Verdades comuns compartilhadas por diversas religiões ao redor do mundo e ao longo da história. Não devemos nos concentrar nas diferenças entre ideologias. Em vez disso, devemos descobrir e valorizar as Verdades que são essenciais à vida de todos os indivíduos e que se aplicam universalmente à felicidade de todos. É essencial que cuidemos de desenvolver uma macroperspectiva do mundo, pois uma visão de mundo mais ampla é crucial para descobrir o plano profundo de Deus para a humanidade e finalmente levar nosso mundo à unidade.

Competição, Monoteísmo e Compreensão Equivocada

Depois que os vários líderes religiosos expuseram e difundiram suas religiões, espíritos celestiais passaram a supervisionar a Terra para descobrir o quanto de felicidade os diferentes ensinamentos criaram. Muitos espíritos divinos no Mundo Celestial estão observando com atenção o progresso que o mundo tem feito como resultado do trabalho dos líderes religiosos e das religiões que se desenvolveram a partir deles. Os diferentes espíritos continuam a guiar as religiões das quais estão encarregados, trabalhando dia e noite para encontrar ensinamentos que sejam adequados às pessoas do nosso tempo.

Existe um espírito naturalmente competitivo entre os vários espíritos divinos. Mas nem os espíritos nem os fiéis humanos devem levar a competitividade a extremos. A meta da competição nunca é criar ódio ou guerra ou obter um predomínio completo sobre outras religiões.

É útil que exista certo grau de competição amistosa, estímulo e crítica construtiva, pois isso evita a corrupção e a degeneração dos ensinamentos. Mas ela deve sempre se basear na tolerância religiosa e nunca descambar para perseguição, raiva, inveja, desdém ou ideias que sejam contrárias à vontade de Deus.

Uma das causas do conflito religioso tem sido a crença de que apenas uma religião pode estar certa. Essa crença é equivocada, mas ela surgiu por uma razão. Para evitar confusões quando as religiões foram criadas, às vezes um deus era designado como deus principal de uma religião em particular. Essa prática levou, por exemplo, à crença monoteísta do islamismo de que Alá é o único Deus, crença esta que tem motivado as ações dos fundamentalistas islâmicos em sua tentativa de destruir as outras fés. Os extremistas islâmicos têm usado artilharia pesada para destruir os grandes Budas de Bamiyan, porque acreditam que a adoração de ídolos é equivocada. O monoteísmo cristão levou o ex-presidente americano George W. Bush a acreditar que o Islã é uma religião do mal. Sua pouca simpatia pelos muçulmanos acabou favorecendo os ataques aos países árabes. Esse tipo de violência tem ocorrido devido a interpretações errôneas dos ensinamentos e apesar do fato de o cristianismo e o islamismo serem originalmente religiões irmãs.

Os Espíritos Divinos do Mundo Celestial

Minha crença em Deus e nos seres divinos tem alguma semelhança com o monoteísmo, mas guarda similaridades também com as religiões politeístas. Descobri por experiência própria que existe um espírito que eu chamo de "O Mais Elevado Deus", que é o ser mais sagrado e venerado. Isso tem semelhança com a ideia monoteísta do Deus Criador. E descobri que abaixo deste Mais Elevado Deus há vários espíritos divinos, que possuem um aspecto sagrado muito superior ao apresentado por qualquer dos seres humanos comuns e que merecem ser chamados de deuses. A população do mundo é tão imensa que precisamos de vários deuses para compartilhar a responsabilidade de tornar o mundo feliz.

Tenho recebido a visita de muitos deuses de religiões étnicas e politeístas; às vezes eles são conhecidos como anjos, *bodhisattvas* ou *tathagatas.* Nenhum deles é falso; todos são espíritos divinos por direito próprio. Cada um deles tem sua personalidade única, viveu na Terra e trabalhou para ajudar as pessoas espiritualmente. Suas realizações neste planeta foram tão sagradas e respeitadas por tantas pessoas que, quando eles retornaram para a vida pós-morte, tornaram-se seres divinos, venerados como deuses ou budas. Costumo me referir as esses deuses como espíritos divinos, anjos, arcanjos, *bodhisattvas* ou *tathagatas.* No Mundo Celestial, esses espíritos divinos residem em diversos níveis, e seu número vai se reduzindo conforme passamos a níveis mais altos.

A verdade é que muitos dos deuses étnicos e politeístas ao redor do mundo não são nem falsos nem maus espíritos. Pessoas de diferentes credos acreditam em um deus ou em muitos deuses, conforme seja adequado ao porte e às características da sua religião. Minha crença na existência de muitos seres divinos está de acordo com várias religiões politeístas que têm existido pelo mundo, inclusive nas antigas civilizações do Egito, Grécia, Roma e Índia. Quando o judaísmo, o cristianismo e o islamismo desenvolveram a ideia de que apenas seu Deus estava certo e passaram a considerar os outros deuses falsos ou maus, isso pode ter feito com que seu trabalho missionário se difundisse amplamente, mas também despertou ódios que por sua vez levaram a guerras. Muitas guerras entre religiões têm sido causadas por essa ignorância da existência dos diversos seres divinos.

O Mundo Celestial tem muitos deuses, com diferentes responsabilidades e papéis, e entre eles há líderes ou mestres que guiam e supervisionam grandes grupos de outros deuses. Portanto, quando uma religião é criada, um espírito guia é encarregado de dar assistência ao fundador dessa religião na Terra. A escolha desse deus depende da era, da região e da natureza da nova religião. Houve épocas em que um espírito guia instruiu o fundador a seguir apenas a orientação que ele lhe dava, mas sem que ficasse implícito que todos os demais deuses eram falsos.

Judaísmo, Cristianismo e Islamismo

O judaísmo é uma religião monoteísta cujo deus é Yaveh, um deus propenso a ter ciúmes e que tende a proibir as pessoas de acreditarem em qualquer outro deus. Mas, se olharmos com mais atenção, veremos que Yaveh não é o único deus que aparece na Bíblia Hebraica; outro espírito, Elohim, faz também várias aparições. Yaveh é um espírito que se chama Enlil, e Elohim é o espírito de El Cantare; escrevi sobre esses dois espíritos divinos em livros anteriores. Ambos estavam guiando o judaísmo, o que significa que o judaísmo é na realidade conduzido por mais de um deus.

Infelizmente, quando Yaveh estava guiando o judaísmo com uma dedicação especialmente intensa, acabou proibindo seu povo de acreditar em qualquer outro deus, talvez para ajudar aqueles que acreditavam em religiões que lhes estivessem sendo prejudiciais. Mas isso significa que realmente havia outros deuses. Sem dúvida, é importante ensinar as pessoas a não seguirem deuses maus ou danosos. Mas interpretar isso como se significasse que todas as outras religiões e deuses estão equivocados naturalmente iria resultar em muita confusão.

A fé do judaísmo em Yaveh desenvolveu-se quando muitos dos antigos profetas hebreus, inclusive Moisés, deram ensinamentos a respeito dele. Mas na Bíblia Hebraica, o nome de Deus muda para Elohim quando aparecem dois profetas, ambos de nome Isaías. Na verdade, a fé em Elohim precedeu o judaísmo. Era uma fé bem estabelecida e difundida em todo o Oriente Médio e na África, enquanto o judaísmo era uma pequena religião praticada apenas pelos judeus. Elohim começou a guiar os novos profetas judeus porque havia planos de estabelecer uma fé mais ampla e global do que o judaísmo, isto é, o cristianismo, dali a oitocentos anos. Esses novos profetas foram enviados para preparar o terreno para que o cristianismo criasse raízes, sob a orientação de Elohim. Os judeus, porém, não compreenderam que Elohim não era Yaveh, e acharam que os dois nomes se referiam ao mesmo ser.

Como a maior parte de nós não é capaz de ver o mundo espiritual com os olhos físicos, só podemos tentar entender Deus por meio dos ensinamentos transmitidos de forma oral ou escrita. Os líderes religiosos enfrentam desafio parecido. Muitos dos conflitos que vemos hoje são fruto da dificuldade que os líderes religiosos tiveram em identificar quais e quantos espíritos estavam falando com eles.

Precisamos contar com certas capacidades espirituais para identificar corretamente qual espírito está falando conosco. A maioria dos líderes religiosos era capaz de ouvir espíritos divinos, mas não de vê-los. Por exemplo, algumas religiões proíbem a adoração de estátuas ou representações físicas do divino. Esse ensinamento foi criado por líderes religiosos que eram incapazes de ver os espíritos que os estavam guiando e só conseguiam ouvir as vozes divinas ou registrá-las por escrito valendo-se da psicografia. Garanto que, se eles tivessem a capacidade de ver os seres divinos que vinham falar com eles, teriam se inspirado a tentar expressar as imagens desses seres em alguma forma física, como estátuas ou pinturas. Teriam desejado compartilhar com os outros como era a aparência dos espíritos divinos.

Jesus Cristo estudou a Bíblia Hebraica, e, como os profetas hebreus, não conseguiu fazer uma distinção clara entre Yaveh e Elohim. Mas o Deus em que ele acreditava era Elohim, o Deus do Amor, que ainda era cultuado por todo o Oriente Médio na época de Jesus. Os judeus conservadores adeptos do judaísmo tradicional acabaram perseguindo Jesus.

O islamismo também é monoteísta. Os muçulmanos acreditam em Alá. Mas o Alcorão é uma compilação dos ensinamentos que Maomé recebeu por meio de mensagens espirituais, e quando fazemos um exame mais detido deles, vemos que algumas passagens usam o plural “nós” para se referir ao espírito que está falando, enquanto outros trechos usam o singular “eu”. Os muçulmanos interpretam essas discrepâncias simplesmente como variações na maneira de Alá se referir a si próprio. Mas a verdade é que “nós” se refere a todo um grupo de espíritos guias, cujos membros se revezavam em enviar mensagens a Maomé. Como ocorre no judaísmo, embora os muçulmanos acreditem que sua religião é monoteísta, na verdade o islamismo foi guiado por vários espíritos. Um espírito principal pode ter ficado com o encargo, mas os espíritos de um grupo se revezaram para guiar Maomé.

Séculos mais tarde, surgiram conflitos entre o cristianismo e o islamismo. Mas a irônica verdade é que Elohim estava também guiando o islamismo durante seu desenvolvimento. Cristãos e muçulmanos acreditavam no mesmo Deus, mas os mal-entendidos entre as duas religiões mantiveram-nas em conflito. Combinando a proibição de adorar estátuas do islamismo com as afirmações de ambos os lados de que o seu Deus era o único Deus, esses mal-entendidos fizeram com que os ensinamentos verdadeiros de Elohim ficassem envoltos em confusão. As duas religiões tornaram-se desordenadas, e a confusão levou a várias guerras.

Religião e Violência

Na realidade, várias religiões mundiais têm sido orientadas para a guerra. O cristianismo tem um histórico de adoção de uma filosofia militar, o que em muitos países acabou se tornando uma prontidão para a guerra. Isso contradiz os ensinamentos de Jesus na Bíblia: "A qualquer um que te bater na face direita, oferece-lhe também a outra" (Mateus 5:39). Creio que essa contradição foi causada pelo fato de os cristãos estudarem a Bíblia Hebraica junto com o Novo Testamento.

A filosofia da separação entre Igreja e Estado é provavelmente outra razão pela qual as nações cristãs se mostraram inclinadas à guerra. Quando alguém perguntou a Jesus se deveria ou não pagar impostos a César, ele apontou para a imagem de César em uma moeda e perguntou: "De quem é esta imagem e inscrição?". Quando responderam: "De César", Jesus disse: "Dai, pois, a César o que é de César, e a Deus o que é de Deus" (Mateus 22:20,21). Isso acabou resultando no conceito da separação entre Igreja e Estado, que se tornou uma maneira de as nações cristãs justificarem a ação militar, mesmo que fosse contrária aos demais ensinamentos de Jesus. Esse é outro exemplo da maneira como as interpretações dos ensinamentos religiosos têm estado em conflito com os interesses seculares de governos e economias.

O mundo islâmico também se inclinou para a luta. Em anos recentes, ataques de terroristas islâmicos têm sacudido o mundo, e essa violência alarmante revelou a necessidade de reformas no Islã. A frequência e o número dos ataques têm sido tão altos que fica difícil acreditar que o problema resida apenas nos extremistas. Os muçulmanos envolvidos na luta acreditam que estão seguindo as palavras de Deus, e esse problema precisa ser solucionado. A justificativa do Islã para a guerra se apoia na história de Maomé, de travar uma guerra e chegar à vitória militar. Como resultado, a justificativa da guerra como um meio para se alcançar um fim tornou-se um aspecto importante do mundo islâmico. Essa filosofia é semelhante à do comunismo de Mao Tsé-tung. Como a China oficialmente está apoiada no materialismo e no ateísmo, ela constantemente viola os direitos humanos – ali os seres humanos são vistos apenas como algo material, como robôs, e, portanto, como seres descartáveis. É preciso examinar isso melhor e também encontrar maneiras de reformular as nações islâmicas para ajudá-las a coexistir com o mundo cristão e o resto do mundo.

Epílogo

3

Unir o Mundo sob uma Perspectiva Espiritual

Para criar uma mudança positiva e um futuro melhor, as religiões mundiais precisam ser capazes de expor opiniões corretas e oportunas sobre questões atuais importantes. É nosso dever incentivar a reforma religiosa e social e uma inovação baseada em princípios religiosos ideais.

Eu almejo evitar que a luta entre o islamismo e o cristianismo se torne uma guerra total, e levar as diferentes religiões a uma coexistência harmoniosa conforme todos nós façamos progressos juntos. Estou trabalhando para estabelecer ensinamentos que consigam não só integrar valores diversos mas também criar uma fé sólida. El Cantare é o Deus mais sagrado, o chefe de outros deuses, e possui uma sabedoria espiritual suprema. Mas não é o único Deus. Abaixo dele, incontáveis seres divinos conhecidos como deuses, arcanjos, anjos, *tathagatas* e *bodhisattvas*, trabalham em equipe, dividindo papéis e responsabilidades, para cumprir uma meta comum.

O mundo precisa praticar a tolerância religiosa compassiva em relação às diversas religiões. Precisamos nos unir em uma crença no Deus do amor e da compaixão, El Cantare, que trabalha intensamente para guiar o mundo no caminho certo. Seus ensinamentos de autorreflexão e arrependimento irão ajudar todos a encontrar de novo o caminho certo.

O mundo precisa também de conhecimento espiritual, isto é, saber de onde vêm as almas e para onde irão após a morte.

É essencial para a nossa felicidade sabermos que somos seres espirituais que vivem temporariamente dentro de corpos físicos, como parte do nosso treinamento da alma.

Não importa o quanto acumulemos conhecimento, não teremos sabedoria de fato e não encontraremos o caminho de casa se não soubermos de onde viemos e para onde vamos. É como se precisássemos saber o número de telefone dos nossos pais ou o endereço da nossa casa para achar o caminho de volta. Atualmente, muitos não têm conhecimento desses fatos básicos ou então os compreendem de modo equivocado. Mas, se nos esforçarmos para aprendê-los com a mente aberta, seremos capazes também de viver de modo correto, a partir dessa consciência espiritual elevada que chamamos de iluminação.

Epílogo

4

Os Quatro Corretos Caminhos para a Felicidade

É essencial saber que somos nossa alma. Nosso corpo físico tem uma existência temporária, e irá perecer quando passarmos à outra vida, mas nossa alma continuará a existir no outro mundo. Quando passamos para o outro mundo, definimos a qual parte dele pertencemos: ao Céu ou ao Inferno. Fazemos isso assistindo à nossa própria vida sendo apresentada diante de nós como um filme numa tela de cinema. Existem muitas trajetórias de vida e infinitas maneiras diferentes de viver. Portanto, não há ninguém que tenha tido uma vida perfeita ou completamente errada. O que importa é como julgamos a nós mesmos nessa análise final, isto é, se concluímos que nossa vida teve mais coisas boas ou mais coisas más.

Cada dia de nossa vida é parte da nossa jornada em direção ao outro mundo. Devemos nos perguntar: "Minha vida até aqui esteve sintonizada com o Céu, de modo que eu não pareceria deslocado se tivesse de visitar os anjos celestiais nesse exato momento? Ou será que eu combinaria melhor com os habitantes do mundo sombrio do Inferno se fosse visitá-lo hoje?" É importante, conforme vivemos nosso dia a dia, estarmos cientes do outro mundo e ficarmos sempre atentos ao nosso estado mental, porque são essas as coisas que determinam quem somos e para onde iremos na outra vida.

Recomendo praticar estes quatro princípios: amor, conhecimento, reflexão e desenvolvimento, pois eles são orientações gerais de vida. Exercitá-los todos os dias assegura uma vida feliz e significativa. Chamo esses conceitos, juntos, de "Os Princípios da Felicidade" ou às vezes também de "Quatros Corretos Caminhos".

Cada um dos Princípios da Felicidade depende de um alicerce de fé, essencial para nossa felicidade. Devemos dar muita importância à nossa capacidade de ter fé, porque ela é absolutamente única, e nos foi dada como parte de nossa condição humana. Deve haver alguma razão pela qual os animais não são capazes de praticar a fé, mas, seja como for, nós humanos somos capazes disso.

Amor

Um dos caminhos para a felicidade está em procurar ser alguém que dá amor, e não que cobra amor. Todos queremos ser amados; faz parte da natureza humana. Mas as pessoas do Mundo Celestial raramente pensam em receber amor; em vez disso, estão sempre pensando em dar amor. O sentido deste princípio é tornar-se alguém que ama incondicionalmente os que estão conosco na presente era, sem se importar com os ganhos e perdas que isso possa envolver.

Podemos amar os outros ao descobrir seus aspectos maravilhosos, ao compreender que todo mundo tem o direito de ser feliz e a partir disso ajudar as pessoas a terem uma vida magnífica. Podemos também dar amor ao nos sentirmos felizes com a felicidade e o sucesso alheio – por exemplo, ao sentirmos alegria quando vemos alguém sorrir, tornar-se saudável, encontrar o caminho correto e alcançar a felicidade. Portanto, em nosso próprio caminho para a felicidade, precisamos tentar ser pessoas que dão amor, em vez de apenas buscar obtê-lo.

Conhecimento

O segundo princípio é o do Conhecimento. O objetivo de praticá-lo é desenvolver um tipo de sabedoria que lhe dá condições de compreender a relação entre este mundo e o outro. Esse não é o único tipo de sabedoria relevante para viver no mundo moderno, mas é de longe o mais importante. Também tem valor, por exemplo, conhecer e compreender as diversas visões de mundo. Mas é absolutamente essencial ter um conhecimento espiritual adequado, que você possa levar para o outro mundo.

Todos têm de trabalhar, muitos de nós precisam sustentar uma família, e também acumulamos muitas outras responsabilidades. Portanto, às vezes ficamos presos à agitação do nosso dia a dia e perdemos de vista nossa perspectiva espiritual. Ao vivermos cada dia, devemos pensar na perspectiva de Deus e perguntarmo-nos se estamos vivendo do jeito certo – isto é, se estamos atentos à nossa natureza espiritual. É muito útil relembrarmos a nós mesmos, com a maior frequência possível, que somos seres espirituais vivendo neste mundo físico, e que existe outro mundo para o qual acabaremos indo um dia.

O objetivo deste princípio é tomarmos posse da sabedoria e do conhecimento de que precisamos para viver uma vida correta – isto é, de uma maneira que crie felicidade para nós e para os outros. Por exemplo, uma perspectiva espiritual ajuda meus seguidores a descobrir as muitas dicas de vida que estão espalhadas em minhas palestras e mensagens espirituais. Viver com uma perspectiva espiritual nos permite transformar nosso conhecimento e nossas experiências em sabedoria, que nos ajuda a ter uma vida magnífica.

Reflexão

O terceiro princípio é o da reflexão. Os católicos são ensinados a se arrepender por meio da confissão, e as igrejas católicas têm salas de confissão onde os devotos confessam seus pecados e pedem perdão. Mas o arrependimento pela autorreflexão é diferente. A reflexão é um processo pelo qual nos confrontamos conosco, a sós, todos os dias, sem nos depreciarmos ou condenarmos.

O objetivo é sempre a felicidade. Refletimos sobre nossas ações, nossas palavras, ideias e padrões habituais de pensamento. Examinamos todas essas coisas à luz das Verdades de Deus e tentamos avaliar dentro de nós mesmos se foram certas ou erradas.

Embora não sejamos capazes de ver isso fisicamente, nossa mente contém um registro de cada pensamento, ação e experiência que já tivemos. Esse registro é o que será projetado naquela tela de cinema quando voltarmos ao outro mundo. Sua família, amigos, mentores e professores que estão vivendo no outro mundo e os espíritos que o estiveram guiando irão todos assistir a esse filme também, junto com você. O filme é condensado e dura uma ou duas horas, e quando termina, nós julgamos por nós mesmos se nossa vida foi preenchida com o bem. É quando descobrimos se tivemos uma vida bem-sucedida ou se os erros nos puxaram para baixo. As reações de nossa família e amigos também nos ajudarão a decidir se pertencemos ao Céu ou se devemos passar algum tempo de treinamento no Inferno. Nossa decisão terá por base que mundo é mais adequado à maneira segundo a qual vivemos nossa vida.

Há muitos caminhos no Mundo Celestial e muitos no Inferno; é apenas uma questão de escolher o melhor deles para o treinamento da nossa alma. Por exemplo, aqueles que cometeram assassinatos e atos violentos sem uma causa justa, movidos apenas por uma emoção destrutiva, quase com certeza escolherão o caminho da reflexão e decidirão viver num mundo habitado por pessoas semelhantes. O mundo ao qual retornaremos na nossa outra vida será um lugar cheio de pessoas com as mesmas tendências dominantes em nós. Como os assassinos vivem rodeados por pessoas que são uma imagem em espelho deles mesmos, chegará uma hora em que verão suas falhas refletidas de volta.

Portanto, a reflexão é um princípio de salvação. Ela nos dá a oportunidade de refletir sobre nossos erros à luz das Verdades e de nos arrependermos pelos nossos erros enquanto ainda estamos neste mundo. Não precisamos esperar até chegar a uma vida pós-morte no Inferno; temos o poder de nos salvar, e podemos começar a fazê-lo agora mesmo.

Os anjos, *bodhisattvas* e *tathagatas* no Mundo Celestial estão sempre esperando para estender sua mão de auxílio e prover a luz do Céu às pessoas que estão se esforçando para mudar e se salvar. Muitas religiões fazem uma simplificação extrema dos ensinamentos a fim de tornar mais fácil a salvação. Mas acredito que para conseguir a verdadeira salvação precisamos ter uma compreensão completa dos erros que cometemos. Alcançamos a salvação aos nos tornarmos conscientes de quem realmente somos. Acreditar em Cristo, por exemplo, não irá apagar nossos pecados a não ser que levemos nosso arrependimento um passo adiante, a fim de perceber por nós mesmos quais foram os erros que cometemos. Conforme nossa autorreflexão progredir, o registro na nossa mente irá mudar gradualmente; nossos pecados serão apagados. Quando assistirmos à nossa vida sendo projetada na tela de cinema, a plateia irá aplaudir toda vez que tivermos progredido em nossa autossalvação usando a reflexão para descobrir e vencer nossas falhas.

Desenvolvimento

O último princípio é o do desenvolvimento. Praticar o desenvolvimento significa ter como objetivo difundir a felicidade para o resto da sociedade, do país e para todo o planeta, em nosso esforço de construir a Utopia neste mundo, o Paraíso na Terra. Não devemos guardar para nós a felicidade que alcançarmos por meio da nossa iluminação; devemos usar nossa felicidade em benefício do mundo à nossa volta. A felicidade que alcançamos nos dá o poder de atuar de modo construtivo e de perseguir nossos sonhos.

Os Quatros Corretos Caminhos

Viver pautado por esses quatro princípios, do amor, do conhecimento, da reflexão e do desenvolvimento – Os Quatros Corretos Caminhos – irá assegurar nosso retorno ao Céu na vida pós-morte, porque esse modo de vida nos dá o poder de encontrar nossa trilha para o Mundo Celestial. É um caminho de autossalvação; não é preciso que alguém nos salve. Os portões do Céu irão nos dar boas-vindas ao voltarmos, desde que vivamos cada dia praticando os Quatros Corretos Caminhos e nos mantendo cientes do olhar de Deus.

Todos temos dentro de nós o poder de mudar, de nos recriar a partir de um novo recomeço, e de construir um futuro que represente nossos sonhos e ideais. Esse poder vem de um fragmento de Deus dentro de nós que eu chamo de "natureza divina". Somos todos filhos de Deus. Mesmo que você esteja nesse exato momento se debatendo com algo sombrio que se esgueira dentro da sua mente, o filho de Deus que reside dentro de você tem o poder de salvá-lo – tudo o que você tem a fazer é despertá-lo. Esse conhecimento é tão essencial para a felicidade de cada um que eu sinto ser meu dever, como alguém que descobriu o grandioso poder desse conhecimento, compartilhá-lo e ajudar as pessoas a despertar.

Aqueles que entenderam essa Verdade experimentaram milagres de cura; depois que a pessoa compreende a Verdade, os demônios não conseguem mais dominar sua mente. Esses milagres não acontecem por meio do meu poder. São as pessoas que criaram esses milagres elas mesmas, ao preencherem sua mente de luz e expulsarem as trevas de dentro delas. É por isso que acredito firmemente que todos nós temos o poder de nos salvar.

Epílogo

5

Construir um Futuro Feliz para o Mundo

Nossa história de conflitos religiosos ensinou-nos uma lição importante: aceitar povos diversos e diferentes maneiras de pensar. É sempre difícil para sistemas antigos aceitarem novos sistemas. Mas não devemos nos deixar levar por nossas emoções. Em vez disso, devemos procurar ser racionais, tentar discernir o certo do errado e tomar a decisão de aceitar como certos os ensinamentos que o forem e rejeitar como equivocados os que assim se mostrarem.

Será um desafio tremendo tentar coexistir harmoniosamente com o cristianismo, o islamismo e outras religiões ao redor do mundo, mas já demos o primeiro passo desse desafio, porque nossa filosofia e nossa maneira de pensar já são universais; transcendem os limites religiosos. Acreditar nessas Verdades é algo que traz como compromisso inerente estabelecê-las em escala global. Podem se passar décadas, séculos ou milênios, sempre haverá alguém ensinando que o mundo é um só, que a humanidade é uma só. Sempre haverá gente que irá difundir a notícia de que os ensinamentos de Deus irão salvar o mundo, incluindo a humanidade inteira. Esses ensinamentos acabarão alcançando os cantos mais longínquos do planeta. Serão transmitidos aos nossos filhos e aos filhos dos nossos filhos, e continuarão se expandindo sem descanso e sem fim.

Meu sonho é deixar como legado alguns ensinamentos que consigam vencer os limites das religiões, ensinamentos suficientemente poderosos para criar um mundo onde todos vivam com amor, aceitação, paz e liberdade. A incapacidade de entender um ao outro resultou em ódio, raiva e desconfiança, e levou a conflitos religiosos. Espero que este movimento que criei resolva esses problemas na sua raiz e ponha um ponto final nos conflitos religiosos.

A reencarnação é uma das Verdades que descobri a respeito de nossa alma. A reencarnação significa que temos nascido em vários países diferentes em nossas vidas passadas. Alguém que nasceu na Europa nesta vida pode ter nascido nos Estados Unidos, China, Coreia e Japão em vidas passadas. Portanto, não faz sentido sentir ódio por qualquer grupo de pessoas, do mesmo modo que não faz sentido acreditar que o Mundo Celestial irá guiar apenas um grupo seleto de pessoas, uma única raça ou país – pois podemos ter sido um "deles" em alguma vida passada. Além do mais, não faz parte da natureza de Deus ser seletivo ou exclusivo. Deus nunca rotula um grupo como bom e todos os outros como maus. Deus é suficientemente poderoso para guiar a todos.

Conforme a população mundial continua crescendo, torna-se cada vez mais importante criar um mundo em que as pessoas não tenham que temer pelo futuro. Meu sonho é que cada vez mais pessoas ao redor do mundo, em todos os países, sejam capazes de dizer que são felizes.

Sobre o Autor

O mestre Ryuho Okawa começou a receber mensagens de grandes personalidades da história – Jesus, Buda e outros seres celestiais – em 1981. Esses seres sagrados vieram com mensagens apaixonadas e urgentes, rogando que ele transmitisse às pessoas na Terra a sabedoria divina deles. Assim se revelou o chamado para que ele se tornasse um líder espiritual e inspirasse pessoas no mundo todo com as Verdades espirituais sobre a origem da humanidade e sobre a alma, por tanto tempo ocultas. Esses diálogos desvendaram os mistérios do Céu e do Inferno e se tornaram a base sobre a qual o mestre Okawa construiu sua filosofia espiritual. À medida que sua consciência espiritual se aprofundou, ele compreendeu que essa sabedoria continha o poder de ajudar a humanidade a superar conflitos religiosos e culturais e conduzi-la a uma era de paz e harmonia na Terra.

Pouco antes de completar 30 anos, o mestre Okawa deixou de lado uma promissora carreira de negócios para se dedicar totalmente à publicação das mensagens que recebe do Mundo Celestial. Desde então, até o final de dezembro de 2014, lançou mais de 1.800 livros, tornando-se um autor de grande sucesso no Japão e no mundo. A universalidade da sabedoria que ele compartilha, a profundidade de sua filosofia religiosa e espiritual e a clareza e compaixão de suas mensagens continuam a atrair milhões de leitores. Além de seu trabalho contínuo como escritor, o mestre Okawa dá palestras públicas pelo mundo todo.

Sobre a Happy Science

Em 1986, o mestre Ryuho Okawa fundou a Happy Science, um movimento espiritual empenhado em levar mais felicidade à humanidade pela superação de barreiras raciais, religiosas e culturais, e pelo trabalho rumo ao ideal de um mundo unido em paz e harmonia. Apoiada por seguidores que vivem de acordo com as palavras de iluminada sabedoria do mestre Okawa, a Happy Science tem crescido rapidamente desde sua fundação no Japão e hoje conta com mais de 20 milhões de membros em todo o globo, com templos locais em Nova York, Los Angeles, São Francisco, Tóquio, Londres, Paris, Düsseldorf, Sydney, São Paulo e Seul, dentre as principais cidades. Semanalmente o mestre Okawa ensina nos Templos da Happy Science e viaja pelo mundo dando palestras abertas ao público.

A Happy Science possui vários programas e serviços de apoio às comunidades locais e pessoas necessitadas, como programas educacionais pré e pós-escolares para jovens e serviços para idosos e pessoas com necessidades especiais. Os membros também participam de atividades sociais e beneficentes, que no passado incluíram ajuda humanitária às vítimas de terremotos na China e no Japão, levantamento de fundos para uma escola na Índia e doação de mosquiteiros para hospitais em Uganda.

Programas e Eventos

Os templos locais da Happy Science oferecem regularmente eventos, programas e seminários. Junte-se às nossas sessões de meditação, assista às nossas palestras, participe dos grupos de estudo, seminários e eventos literários. Nossos programas ajudarão você a:

- Aprofundar sua compreensão do propósito e significado da vida;

- Melhorar seus relacionamentos conforme você aprende a amar incondicionalmente;
- Aprender a tranquilizar a mente mesmo em dias estressantes, pela prática da contemplação e da meditação;
- Aprender a superar os desafios da vida e muito mais.

Seminários Internacionais

Anualmente, amigos do mundo inteiro comparecem aos nossos seminários internacionais, que ocorrem em nossos templos no Japão. Todo ano são oferecidos programas diferentes sobre diversos tópicos, entre eles como melhorar relacionamentos praticando os Oito Corretos Caminhos para a iluminação e como amar a si mesmo.

Contatos

BRASIL	**www.happyscience-br.org**
SÃO PAULO (Matriz)	R. Domingos de Morais 1154, Vila Mariana, São Paulo, SP, CEP 04010-100 TEL. 55-11-5088-3800 FAX 5511-5088-3806, **sp@happy-science.org**
Zona Sul	R. Domingos de Morais 1154, 1º and., Vila Mariana, São Paulo, SP, CEP 04010-100 TEL. 55-11-5574-0054 FAX 5511-5574-8164, **sp_sul@happy-science.org**
Zona Leste	R. Fernão Tavares 124, Tatuapé, São Paulo, SP, CEP 03306-030 TEL. 55-11-2295-8500 FAX 5511-2295-8505, **sp_leste@happy-science.org**
Zona Oeste	R. Grauçá 77, Vila Sônia, São Paulo, SP, CEP 05626-020 TEL. 55-11-3061-5400, **sp_oeste@happy-science.org**
CAMPINAS	Rua Joana de Gusmão, 187, Jardim Guanabara, Campinas, SP, CEP 13073-370 TEL. 55-19-3255-3346
CAPÃO BONITO	Rua General Carneiro, 306, Centro, Capão Bonito, SP, CEP 18300-030 TEL. 55-15-3542-5576
JUNDIAÍ	Rua Congo 447, Jd. Bonfiglioli, Jundiaí, SP, CEP 13207-340 TEL. 55-11-4587-5952, **jundiai@happy-science.org**
LONDRINA	Av. Presidente Castelo Branco, 580, Jardim Presidente, Londrina, PR, CEP 86061-335 TEL. 55-43-3347-3254
SANTOS	Rua Itororó 29, Centro, Santos, SP, CEP 11010-070 TEL. 55-13-3219-4600, **santos@happy-science.org**
SOROCABA	Rua Dr. Álvaro Soares 195, sala 3, Centro, Sorocaba, SP, CEP 18010-190 TEL. 55-15-3359-1601, **sorocaba@happy-science.org**
RIO DE JANEIRO	Largo do Machado 21, sala 607, Catete, Rio de Janeiro, RJ, CEP 22221-020 TEL. 55-21-3243-1475, **riodejaneiro@happy-science.org**
INTERNACIONAL	**www. happyscience.org**
ACRA (Gana)	28 Samora Machel Street, Asylum Down, Acra, Gana TEL. 233-30703-1610, **ghana@happy-science.org**
AUCKLAND (Nova Zelândia)	409A Manukau Road, Epsom 1023, Auckland, Nova Zelândia TEL. 64-9-630-5677 FAX 64 9 6305676, **newzealand@happy-science.org**

BANGCOC (Tailândia)	Entre Soi 26-28, 710/4 Sukhumvit Rd., Klongton, Klongtoey, Bangcoc 10110 TEL. 66-2-258-5750 FAX 66-2-258-5749, **bangkok@happy-science.org**
CINGAPURA	190 Middle Road #16-05, Fortune Centre, Cingapura 188979 TEL. 65 6837 0777/ 6837 0771 FAX 65 6837 0772, **singapore@happy-science.org**
COLOMBO (Sri Lanka)	Nº 53, Ananda Kumaraswamy Mawatha, Colombo 7, Sri Lanka TEL. 94-011-257-3739, **srilanka@happy-science.org**
DURBAN (África do Sul)	55 Cowey Road, Durban 4001, África do Sul TEL. 031-2071217 FAX 031-2076765, **southafrica@happy-science.org**
DÜSSELDORF (Alemanha)	Klosterstr. 112, 40211 Düsseldorf, Alemanha **web: http://hs-d.de/** TEL. 49-211-93652470 FAX 49-211-93652471, **germany@happy-science.org**
FINLÂNDIA	**finland@happy-science.org**
FLÓRIDA (EUA)	12208 N 56th St., Temple Terrace, Flórida, EUA 33617 TEL. 813-914-7771 FAX 813-914-7710, **florida@happy-science.org**
HONG KONG	Unit A, 3/F-A Redana Centre, 25 Yiu Wa Street, Causeway Bay TEL. 85-2-2891-1963, **hongkong@happy-science.org**
HONOLULU (EUA)	1221 Kapiolani Blvd, Suite 920, Honolulu, Havaí 96814, EUA TEL. 1-808-591-9772 FAX 1-808-591-9776, **hi@happy-science.org, www.happyscience-hi.org**
KAMPALA (Uganda)	Plot 17 Old Kampala Road, Kampala, Uganda P.O. Box 34130, TEL. 256-78-4728601 **uganda@happy-science.org, www.happyscience-uganda.org**
KATMANDU (Nepal)	Kathmandu Metropolitan City, Ward No-9, Gaushala, Surya Bikram Gynwali Marga, House No. 1941, Katmandu TEL. 977-0144-71506, **nepal@happy-science.org**
LAGOS (Nigéria)	1st Floor, 2A Makinde Street, Alausa, Ikeja, off Awolowo Way, Ikeja-Lagos State, Nigéria, TEL. 234-805580-2790, **nigeria@happy-science.org**
LIMA (Peru)	Av. Angamos Oeste 354, Miraflores, Lima, Peru, TEL. 51-1-9872-2600, **peru@happy-science.org, www.happyscience.jp/sp**
LONDRES (GBR)	3 Margaret Street, London W1W 8RE, Grã-Bretanha TEL. 44-20-7323-9255 FAX 44-20-7323-9344 **eu@happy-science.org, www.happyscience-eu.org**

Contatos

LOS ANGELES (EUA)	1590 E. Del Mar Blvd., Pasadena, CA 91106, EUA, TEL. 1-626-395-7775 FAX 1-626-395-7776, **la@happy-science.org, www.happyscience-la.org**
MANILA (Filipinas)	Gold Loop Tower A 701, Escriva Drive Ortigas Center Pasig City 1605, Metro Manila, Filipinas, TEL. 09472784413, **philippines@happy-science.org**
MÉXICO	Av. Insurgentes Sur 1443, Col, Insurgentes Mixcoac, México 03920, D.F. **mexico@happy-science.org, www.happyscience.jp/sp**
NOVA DÉLI (Índia)	314-319, Aggarwal Square Plaza, Plot-8, Pocket-7, Sector-12, Dwarka, Nova Déli-7S, Índia TEL. 91-11-4511-8226, **newdelhi@happy-science.org**
NOVA YORK (EUA)	79 Franklin Street, Nova York 10013, EUA, TEL. 1-212-343-7972 FAX 1-212-343-7973, **ny@happy-science.org, www.happyscience-ny.org**
PARIS (França)	56, rue Fondary 75015 Paris, França TEL. 33-9-5040-1110 FAX 33-9-55401110 **france@happy-science.org, www.happyscience-fr.org**
SÃO FRANCISCO	525 Clinton St., Redwood City, CA 94062, EUA TEL./FAX 1-650-363-2777, **sf@happy-science.org, www.happyscience-sf.org**
SEUL (Coreia do Sul)	162-17 Sadang3-dong, Dongjak-gu, Seoul, Coreia do Sul TEL. 82-2-3478-8777 FAX 82-2-3478-9777, **korea@happy-science.org**
SYDNEY (Austrália)	Suite 17, 71-77 Penshurst Street, Willoughby, NSW 2068, Austrália TEL. 61-2-9967-0766 FAX 61-2-9967-0866, **sydney@happy-science.org**
TAIPÉ (Taiwan)	No. 89, Lane 155, Dunhua N. Rd., Songshan District, Cidade de Taipé 105, Taiwan TEL. 886-2-2719-9377 FAX 886-2-2719-5570, **taiwan@happy-science.org**
TÓQUIO (Japão)	6F 1-6-7 Togoshi, Shinagawa, Tóquio, 142-0041, Japão, TEL. 03-6384-5770 FAX 03-6384-5776, **tokyo@happy-science.org, www.happy-science.jp**
TORONTO (Canadá)	323 College St. Toronto ON Canadá M5T 1S2 TEL. 1-416-901-3747, **toronto@happy-science.org**
VIENA (Áustria)	Zentagasse 40-42/1/1b, 1050, Viena, Áustria/EU TEL./ FAX 43-1-9455604, **austria-vienna@happy-science.org**

Outros Livros de Ryuho Okawa

Série Leis

As Leis do Sol
A Gênese e o Plano de Deus
IRH Press do Brasil

Neste livro poderoso, Ryuho Okawa revela a natureza transcendental da consciência e os segredos do nosso universo multidimensional, bem como o lugar que ocupamos nele. Ao compreender as leis naturais que regem o universo, e desenvolver sabedoria através da reflexão com base nos Oito Corretos Caminhos ensinados no budismo, o autor tem como acelerar nosso eterno processo de desenvolvimento e ascensão espiritual. Edição revista e ampliada.

As Leis Douradas
O Caminho para um Despertar Espiritual
Editora Best Seller

Os Grandes Espíritos Guias de Luz, como Buda Shakyamuni e Jesus Cristo, sempre estiveram aqui para cuidar do nosso desenvolvimento espiritual. Este livro traz a visão do Supremo Espírito que rege o Grupo Espiritual da Terra, El Cantare, revelando como o plano de Deus tem se concretizado.

As Leis da Eternidade
A Revelação dos Segredos das Dimensões Espirituais do Universo
Editora Cultrix

Cada uma de nossas vidas é parte de uma série de vidas cuja realidade se assenta no outro mundo espiritual. Neste livro, Ryuho Okawa revela os aspectos multidimensionais do Outro Mundo, suas características e leis, e explica por que é essencial compreendermos sua estrutura, e percebermos a razão de nossa vida – como parte da preparação para a Era Dourada que está por se iniciar.

As Leis da Felicidade
Os Quatro Princípios para uma Vida Bem-Sucedida
Editora Cultrix

O autor ensina que, se as pessoas conseguem dominar os Princípios da Felicidade – Amor, Conhecimento, Reflexão e Desenvolvimento –, elas podem fazer sua vida brilhar, tanto neste mundo como no outro, pois esses princípios são os que conduzem as pessoas à verdadeira felicidade.

As Leis da Salvação
Fé e a Sociedade Futura
IRH Press do Brasil

O livro analisa o tema da fé e traz explicações relevantes para qualquer pessoa, pois ajudam a elucidar os mecanismos da vida e o que ocorre depois dela, permitindo que os seres humanos adquiram maior grau de compreensão, progresso e felicidade. Também aborda questões importantes, como a verdadeira natureza do homem enquanto ser espiritual, a necessidade da religião, a existência do bem e do mal, o papel das escolhas, a possibilidade do armagedom, o caminho da fé e a esperança no futuro, entre outros.

As Leis Místicas
Transcendendo as Dimensões Espirituais
IRH Press do Brasil

A humanidade está entrando numa nova era de despertar espiritual graças a um grandioso plano, estabelecido há mais de 150 anos pelos espíritos superiores. Aqui são esclarecidas questões sobre espiritualidade, ocultismo, misticismo, hermetismo, possessões e fenômenos místicos, canalizações, comunicações espirituais e milagres que não foram ensinados nas escolas nem nas religiões. Você compreenderá o verdadeiro significado da vida na Terra, fortalecerá sua fé e religiosidade, despertando o poder de superar seus limites e até manifestar milagres por meio de fenômenos sobrenaturais.

As Leis da Imortalidade
O Despertar Espiritual para uma Nova Era Espacial
IRH Press do Brasil

Milagres ocorrem o tempo todo à nossa volta. Aqui, o mestre Okawa revela as verdades sobre os fenômenos espirituais e ensina que as leis espirituais eternas realmente existem, e como elas moldam o nosso planeta e os outros além deste. Milagres e ocorrências espirituais dependem não só do Mundo Celestial, mas sobretudo de cada um de nós e do poder contido em nosso interior – o poder da fé.

As Leis do Futuro
Os Sinais da Nova Era
IRH Press do Brasil

O futuro está em suas mãos. O destino não é algo imutável e pode ser alterado por seus pensamentos e suas escolhas. Podemos encontrar o Caminho da Vitória usando a força do pensamento para obter sucesso material e espiritual. O desânimo e o fracasso não existem de fato: são lições para o nosso aprimoramento na Terra. Ao ler este livro, a esperança renascerá em seu coração e você cruzará o portal para a nova era.

As Leis da Perseverança
Como Romper os Dogmas da Sociedade e Superar as Fases Difíceis da Vida
IRH Press do Brasil

Nesta obra, você compreenderá que pode mudar sua maneira de pensar e vencer os obstáculos que o senso comum da sociedade colocam em nosso caminho. Aqui, o mestre Okawa compartilha seus segredos no uso da perseverança e do esforço para fortalecer sua mente, superar suas limitações e resistir ao longo do caminho que o conduzirá a uma vitória infalível.

As Leis da Sabedoria
Faça Seu Diamante Interior Brilhar
IRH Press do Brasil

Neste livro, Okawa descreve, sob diversas óticas, a sabedoria que devemos adquirir na vida. Apresenta valiosos conceitos sobre o modo de viver, dicas para produção intelectual e os segredos da boa gestão empresarial. Depois da morte, a única coisa que o ser humano pode levar de volta consigo para o outro mundo é seu "coração". E dentro dele reside a "sabedoria", a parte que preserva o brilho de um diamante. A Iluminação na vida moderna é um processo diversificado e complexo. No entanto, o mais importante é jogar um raio de luz sobre seu modo de vida e, com seus próprios esforços, produzir magníficos cristais durante sua preciosa passagem pela Terra.

Série Entrevistas Espirituais

A Última Mensagem de Nelson Mandela para o Mundo
Uma Conversa com Madiba Seis Horas Após Sua Morte
IRH Press do Brasil

A Série Entrevistas Espirituais traz mensagens de espíritos famosos e revolucionários da história da humanidade e de espíritos guardiões de pessoas ainda encarnadas. Nelson Mandela veio até o mestre Okawa após seu falecimento e transmitiu sua última mensagem de amor e justiça para todos, antes de retornar ao Mundo Espiritual. Porém, a revelação mais surpreendente deste livro é que Mandela é um Grande Anjo de Luz, trazido a este mundo para promover a justiça divina.

A Verdade sobre o Massacre de Nanquim
Revelações de Iris Chang
IRH Press do Brasil

Iris Chang ganhou notoriedade após lançar, em 1997, *O Estupro de Nanquim*, em que denuncia as atrocidades cometidas pelo Exército Imperial Japonês na Guerra Sino-Japonesa, em 1938-39. Atualmente, porém, essas afirmações vêm sendo questionadas. Para esclarecer o assunto, Okawa invocou o espírito da jornalista dez anos após sua morte e revela, aqui, o estado de Chang à época de sua morte e a grande possibilidade de uma conspiração por trás de seu livro.

O Próximo Grande Despertar
Um Renascimento Espiritual
IRH Press do Brasil

Esta obra traz revelações surpreendentes, que podem desafiar suas crenças. São mensagens transmitidas pelos Espíritos Superiores ao mestre Okawa, para que você compreenda a verdade sobre o que chamamos de "realidade". Se você ainda não está convencido de que há muito mais coisas do que aquilo que podemos ver, ouvir, tocar e experimentar; se você ainda não está certo de que os Espíritos Superiores, os Anjos da Guarda e os alienígenas existem aqui na Terra, então leia este livro.

Mensagens de Jesus Cristo
A Ressurreição do Amor
Editora Cultrix

Assim como muitos outros Espíritos Superiores, Jesus Cristo tem transmitido diversas mensagens espirituais ao mestre Okawa, cujo objetivo é orientar a humanidade e despertá-la para uma nova era de espiritualidade.

Walt Disney
Os Segredos da Magia que Encanta as Pessoas
IRH Press do Brasil

Nesta entrevista espiritual, Walt Disney – o criador de Mickey Mouse e fundador do império conhecido como Disney World – nos revela os segredos do sucesso que o consagrou como um dos mais bem-sucedidos empresários da área de entretenimento do mundo contemporâneo.

Série Autoajuda

Estou bem!
7 Passos para uma Vida Feliz
IRH Press do Brasil

Diferentemente dos textos de autoajuda escritos no Ocidente, este livro traz filosofias universais que irão atender às necessidades de qualquer pessoa. Um tesouro repleto de reflexões que transcendem as diferenças culturais, geográficas, religiosas e raciais. É uma fonte de inspiração e transformação que dá instruções concretas para uma vida feliz. Seguindo os passos deste livro, você poderá dizer "Estou bem!" com convicção e um sorriso amplo, onde quer que esteja e diante de qualquer circunstância que a vida lhe apresente.

Mude Sua Vida, Mude o Mundo
Um Guia Espiritual para Viver Agora
IRH Press do Brasil

Este livro é uma mensagem de esperança, que contém a solução para o estado de crise em que nos encontramos hoje. É um chamado para nos fazer despertar para a Verdade de nossa ascendência, para que todos nós, como irmãos, possamos reconstruir o planeta e transformá-lo numa terra de paz, prosperidade e felicidade.

THINK BIG – Pense Grande
O Poder para Criar o Seu Futuro
IRH Press do Brasil

Tudo na vida das pessoas manifesta-se de acordo com o pensamento que elas mantêm diariamente em seu coração. A ação começa dentro da mente. A capacidade de criar de cada pessoa limita-se à sua capacidade de pensar. Ao conhecermos a Verdade sobre o poder do pensamento, teremos em nossas mãos o poder da prosperidade, da felicidade, da saúde e da liberdade de seguir nossos rumos, independentemente das coisas que nos prendem a este mundo material. Com este livro, você aprenderá o verdadeiro significado do Pensamento Positivo e como usá-lo de forma efetiva para concretizar seus sonhos. Leia e descubra como ser positivo, corajoso e realizar seus sonhos.

Pensamento Vencedor
Estratégia para Transformar o Fracasso em Sucesso
Editora Cultrix

Este pensamento baseia-se nos ensinamentos de reflexão e desenvolvimento necessários para superar as dificuldades da vida e obter prosperidade. Ao estudar esta filosofia e colocá-la em prática, você será capaz de declarar que não existe derrota – só o sucesso.

A Mente Inabalável
Como Superar as Dificuldades da Vida
IRH Press do Brasil

Muitas vezes somos incapazes de lidar com os obstáculos da vida, sejam eles problemas pessoais ou profissionais, tragédias inesperadas ou dificuldades que nos acompanham há tempos. Para o autor, a melhor solução para tais situações é ter uma mente inabalável. Neste livro, ele descreve maneiras de adquirir confiança em si mesmo e alcançar o crescimento espiritual, adotando como base uma perspectiva espiritual.

O Caminho da Felicidade
Torne-se um Anjo na Terra
IRH Press do Brasil

Aqui se encontra a íntegra dos ensinamentos das Verdades espirituais transmitidas por Ryuho Okawa e que serve de introdução aos que buscam o aperfeiçoamento espiritual. Okawa apresenta "Verdades Universais" que podem transformar sua vida e conduzi-lo para o caminho da felicidade. A sabedoria contida neste livro é intensa e profunda, porém simples, e pode ajudar a humanidade a alcançar uma era de paz e harmonia na Terra.

Manifesto do Partido da Realização da Felicidade
Um Projeto para o Futuro de uma Nação
IRH Press do Brasil

Nesta obra, o autor declara: "Devemos mobilizar o potencial das pessoas que reconhecem a existência de Deus e de Buda, além de acreditar na Verdade, e trabalhar para construir uma utopia mundial. Devemos fazer do Japão o ponto de partida de nossas atividades políticas e causar impacto no mundo todo". Iremos nos afastar das forças políticas que trazem infelicidade à humanidade, criar um terreno sólido para a verdade e, com base nela, administrar o Estado e conduzir a política do país.

As Chaves da Felicidade
Os 10 Princípios para Manifestar a Sua Natureza Divina
Editora Cultrix

O autor ensina os 10 princípios básicos – Amor, Conhecimento, Reflexão, Mente, Iluminação, Desenvolvimento, Utopia, Salvação, Autorreflexão e Oração – que servem de bússola para nosso crescimento espiritual e felicidade.

Ame, Nutra e Perdoe
Um Guia Capaz de Iluminar Sua Vida
IRH Press do Brasil

O autor traz uma filosofia de vida na qual revela os segredos para o crescimento espiritual através dos Estágios do amor. Cada estágio representa um nível de elevação no desenvolvimento espiritual. O objetivo do aprimoramento da alma humana na Terra é progredir por esses estágios e desenvolver uma nova visão do maior poder espiritual concedido aos seres humanos: o amor.

O Ponto de Partida da Felicidade
Um Guia Prático e Intuitivo para Descobrir o Amor, a Sabedoria e a Fé
Editora Cultrix

Podemos nos dedicar à aquisição de bens materiais ou buscar o verdadeiro caminho da felicidade – construído com o amor que dá, que acolhe a luz. Okawa nos mostra como alcançar a felicidade e ter uma vida plena de sentido.

Curando a Si Mesmo
A Verdadeira Relação entre Corpo e Espírito
Editora Cultrix

O autor revela as verdadeiras causas das doenças e os remédios para várias delas, que a medicina moderna ainda não consegue curar, oferecendo conselhos espirituais e práticos. Ele mostra os segredos do funcionamento da alma e como o corpo humano está ligado ao plano espiritual.

A Essência de Buda
O Caminho da Iluminação e da Espiritualidade Superior
IRH Press do Brasil

Este guia mostra como viver com um verdadeiro propósito. Traz uma visão contemporânea do caminho que vai muito além do budismo, para orientar os que estão em busca da iluminação e da espiritualidade. Você descobrirá que os fundamentos espiritualistas, tão difundidos hoje, na verdade foram ensinados por Buda Shakyamuni e fazem parte do budismo, como *os Oito Corretos Caminhos, as Seis Perfeições e a Lei de Causa e Efeito, o Vazio, o Carma e a Reencarnação*, entre outros.